ヒーローの打球はどこへ飛んだか ＊ 目次

装幀＊福岡　豪

ヒーローの打球はどこへ飛んだか

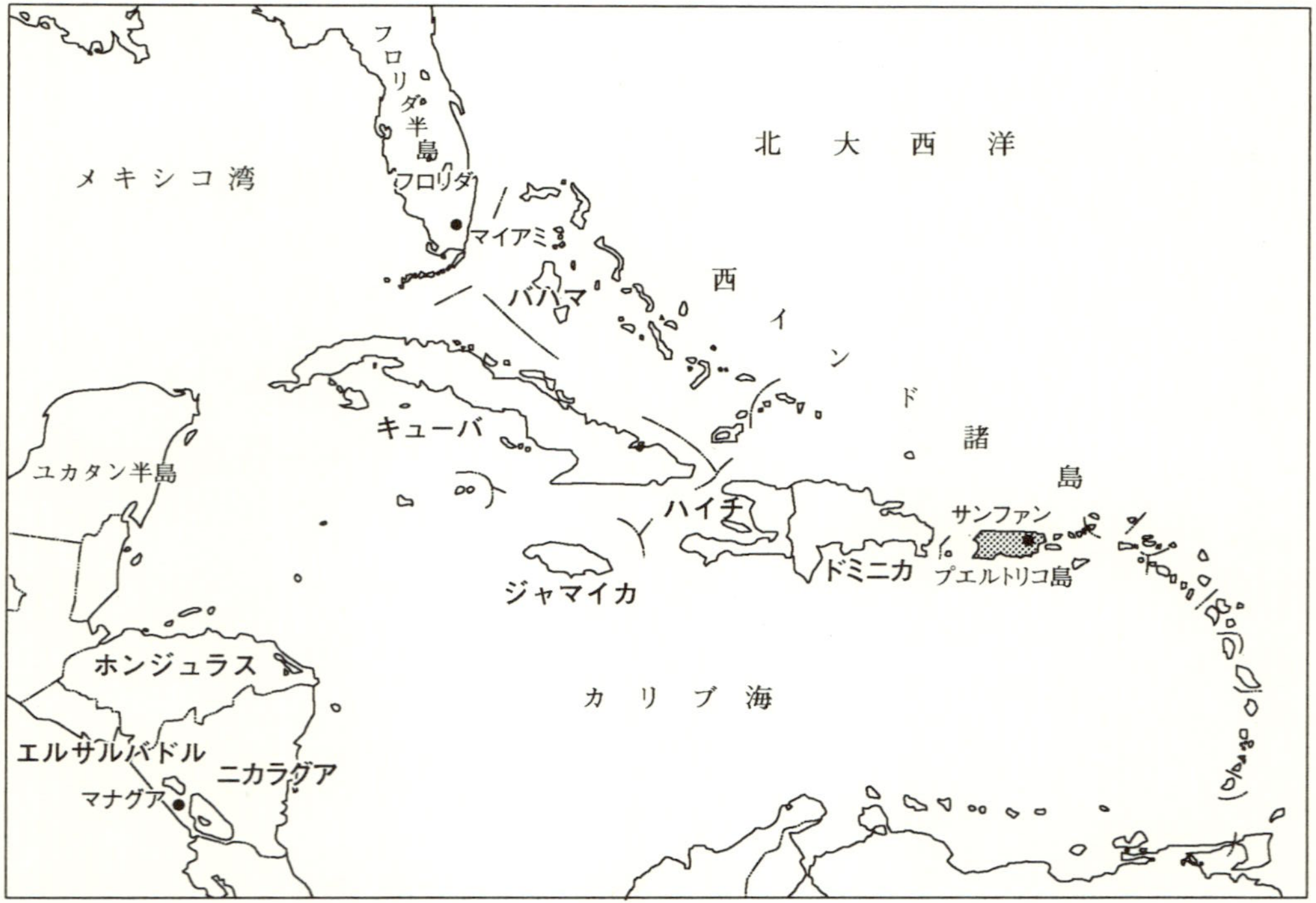
メキシコ湾
フロリダ半島
フロリダ
マイアミ
北大西洋
西インド諸島
バハマ
キューバ
ユカタン半島
ハイチ
ドミニカ
サンファン
プエルトリコ島
ジャマイカ
ホンジュラス
カリブ海
エルサルバドル
ニカラグア
マナグア

1 野球場でのミサ

真っ青な空を二つに割って、飛行機が一機、西に向って飛び立つのが見えた。飛行場は近いらしい。

広いグラウンドの向う、黒く見える照葉樹の林の彼方にそれが消えていったあとも、轟音は地鳴りのように響いた。

ルイス・マイヨラル氏は、その音の方を見やりながら、何かをつぶやいた。

「鈍感なカメラマンめ……」

彼はそう言ったにちがいなかった。ここはカリブに浮かぶ島の一つ、プエルト・リコ。言葉はスペイン語である。

ルイス・マイヨラル氏は単にこの場に列席している者の一人なのではなかった。彼はこの広大なスポーツ施設の理事の一人であって、今執り行われているミサの進行係をも受持っている男だった。普段はテレビやラジオのスポーツ番組においてキャスターをしていて、そのためもあって、さきほどからテレビ報道班には何かと便宜をはかっていたのだ。今もまた、この野球場の上を、意外にゆっくりと飛び去ってゆく機影をカメラに収めるように、彼はさかんにカメラマンに合図を送っていたのだった。

ところが肝心のカメラマンの方は、グラウンドの上で行われていることの方に気をとられ、マイヨラル氏の指示には気がつかなかったのだ。〈折角いい画面となるべきところを、チャンスを失ったではないか〉と、氏は言いたかったようだ。

たしかに、それができていれば、いい画面になるはずだった。いつも飛行機との連想において思い出される男の、これはミサなのだった。

アメリカ・大リーグ野球チーム、「ピッツバーグ・パイレーツ」の右翼手ロベルト・クレメンテといえば、強肩好打をもって知られる名選手だった。彼が突如として世を去ったのは一九七二年暮のこと。事故は十二月三十一日の夜に起きていたから、彼の死のニュースは一九七三年劈頭の知らせとなって世界中に伝えられた。日本でも主な新聞でこのニュースを伝えないものはなかった。それは決して大きな記事ではなかったけれど、その事故の特異さゆえに、あるいは記憶している方がおられるかもしれない。

マナグア向け救援機が墜落

【サンファン（プエルトリコ）一日＝ＡＦＰ】米沿岸警備隊は一日、地震に見舞われた人々向けの食料や医薬品を積んだＤＣ‐７プロペラ機が三十一日夜、サンファンから離陸直後、海上に墜落したと発表した。

同機には当地を拠点にマナグア向け救援活動を指揮していた米大リーグ『ピッツバーグ・パイレーツ』の外野手ロベルト・クレメンテ選手など五人が乗っていた。

〈注〉クレメンテ選手はプエルトリコ出身の黒人大リーガーで、一九六六年ナショナル・リーグの最優秀選手。（時事）

この事故があって以来、一月の第一土曜日がそのミサの日と定められている。そして今年のそれが、この日一月四日に、彼の名のつけられている野球場の上で執り行われているのであった。一月とはいっても、日差しはきつかった。それに、草の香をたっぷりと含んだ大気は全身に巻きつくように重い。多少の風ありとはいうものの、涼とするには大いに不足である。それでも二〇〇人はいたろうか、列席者のすべてはじっと何かを押しころし、時の重みに耐えているようであった。

さきほどの轟音が、皆の心の中でまだ鳴り続いているのかもしれなかった。まるで計ったように正確に、ミサの進行に合わせて飛び立って行ったあの飛行機のことに気がついていたのはルイス・マイヨラル氏だけかと思ったものであったが、それはとうに皆の意識の中にあったかもしれない。気はついていたけれども、とうてい頭をあげる気にはなれなかったというのではなかったろうか。

私は、三塁側のライン沿いに並ぶ人の列の中にいて、これまでのことを思い出して、不思議な思いにかられていた。第一、正月の朝日を受けてあまりの暑さに汗を流しているのも奇妙だったが、ボール・パークの芝をふんで、ゆるやかな聖歌に身をあずけているわが身も、思ってみれば不思議だった。そして何より、あのロベルト・クレメンテと、その死後において、こうまでかかわりを持つようになったことを、私はまだ信じ兼ねていた。

〈一体、クレメンテの名を私が初めて知ったのは、いつのことだったのだろう――〉

それは彼が初めてリーディング・ヒッターの栄に輝いた時のことだったかもしれず、あるいは、それはワールド・シリーズでの彼の活躍が大きく語られた時のことだったかもしれない。いずれにせよ、彼の事故死の以前に、私は彼の存在を知っていたことはたしかである。アメリカ大リーグはナショナル・リーグの古きチーム「ピッツバーグ・パイレーツ」に、"ライフル・アーム"と名づけられた強い肩を持ち、独特のバッティング・スタイルでライナーを放つ男のいること。その出身はカリブの島の一つにして、話す言葉はスペイン語。肌の色は褐色。強靭な意志と肉体をもってわが道を切り開いていくこの選手のことを、スポーツ新聞などは少しは記事にすることがあったのである。

しかし、同時代のマスコミ界における寵児といえば、外野手なら何といっても、「ヤンキース」のMM砲、ミッキー・マントルとロジャー・マリスであり、「ジャイアンツ」の至宝ウイリー・メイズだった。事実、彼らは多くの輝きに満ちたスーパー・ヒーローだった。これらとの比較において、ロベルトがマイナーな存在になり下っていたのはやむをえなかった。「カリブの貧民窟」と呼ばれたプエルト・リコ島からの出かせぎ人に、伝統あるアメリカ野球が蹂躙されてたまるかという思いが、関係者にあったことは否定できないだろう。ただ、力ある者をいつまでも無視し去ることのありえないのは、どの世界でも同じである。

のちに調べてみて分ったことだが、私自身、彼とは二歳しか離れていない。ロベルトの方が年上である。海の向うの球音を伝える話の中に、その名が語られるのを時々聞いてきたのも当然だった。

そう言えば、たしかにロベルトに関するニュースというのは、いつも妙に心にひっかかるものであった。誇大な英雄譚の氾濫の中にあって、彼の話というのが、押えつけようにも指の間からどうしても漏れてしまう——といった類のものが多かった。彼の打撃成績が二位に終わった年、首位との差がヒット一本の差であることを知った記者が、ロベルトがいかに多くアンパイアや記録員から不利な判定を受けてきたかを語る話もあったし、MVPへの推挙の投票における彼の得票の少なさを異常とする記事もあった。

痛快無比といったニュースが彼についてはあまり語られないのも特徴といえば特徴の一つだっ

た。そして最後はあの事故死のニュースである。ロベルト・クレメンテの名は、オールラウンドな力を持った好選手としての名であるより、むしろアメリカ野球界における「変種」の一つを表わすものとして私の心に残るところとなっていたと言っていい。

この「変種」のことに再び私が関心を持つようになったのは、二年ばかり前からのことである。簡単に事情を説明すればこうである。

ある新聞の日曜版にアメリカ野球にまつわるこぼれ話のコラムを持つようになったのがきっかけだった。それは二十週も続くものとされたから、単なる埋め草程度の話ですまされるものではなかった。正直言って、思いつくままにその程度のことでお茶をにごしたことも皆無ではなかったが、ともかくも、日本ではあまり知られないところでのアメリカ野球の光と影を私は紹介しようとして、そのための調査も少しはしてみたのであった。

そこでたびたび名の出るのが、意外や意外、十年以上も前に死亡しているはずのロベルト・クレメンテなのであった。一体、どうして彼の名が出るのかと言えば、どうやらアメリカ球界には「ロベルト・クレメンテ賞」なるものがあり、それはプロ野球の世界では最高に名誉ある賞とされているかららしい。プロ球界で最高ということは、それは普通一般にはＭＶＰという略称で知られる「最高殊勲選手賞」(The Most Valuable Player Award) より上であることを意味したが、そのものの存在に気がつかないのでいたのは当方ばかりかと思ったらさにあらず。大方においても同様であることをも発見し、これにもまた大いに驚かされたわけであった。

今さら断るのもおこがましい限りだが、私は決して野球の専門家ではないし、そうであるとの錯覚におちいったこともないつもりである。クレメンテの名におけるそんな賞のあることを知らずにいたところで、別段それは恥でも何でもありはしなかった。恥どころか、この場合、無知は好奇心を増加させる原動力ともなってくれて、それに駆られてそのことを少しは調べることになったのであった。

もとはと言えば、小さなコラムのための資料を求めての話であった。それが、当のコラムの方はとっくに終ってしまっているというのに、ロベルトへの旅は私の中で長く続いた。そして気がついてみれば、今こうして彼の故郷であるカロリーナの土の上に立って、その生涯を偲んでいるというわけであった。

目をあげてみれば、ピッチャーズ・マウンドの上には純白に塗られた低い台があり、三列に並んだ聖歌隊の少女たちがその上でかぼそい声をあげていた。

その左隣には、これも純白の祭壇が見え、白の上にさらに黄をはおった司祭と、真っ赤な聖衣の人がそこで折からの風を受けている。参列者は、一塁側と三塁側の白線に沿って立っていた。未亡人のヴェラさんや息子たち、それに野球関係者などが三塁側。一塁側は主として子供たちである。

グラウンド内に入ることを許されない人たちは三塁側にある短い観覧席に腰をおろしていて、時にはそこからも聖歌隊の少女たちの声に合わせて歌う声が聞かれた。

バックネットの背後にあるコンクリートの建物の階上はカメラマンたちの占領地といってよかった。だが、何も知らないでそこに入り込んで来た人が最も異様に思ったであろうことは、ライトの守備位置での情景だった。

内野の、それもダイヤモンドの前半分のみに集中して行われているセレモニーから遠く離れて、その外野の一ヵ所には大きな凧のようなものが立てられていた。いや、それは単に立てられていたというより、二人の野球少年の手によって必死に支えられているのだった。凧と見えたのは、実は「パイレーツ」のユニフォーム姿のロベルトの肖像画であって、支柱となるべき少年たちの身長よりはるかに大きかったから、一陣の風おこらば、たちまちにして吹き飛んでしまいそうになる。

いくつかのスピーチがあり、司祭がまた何かを語った。聖歌隊の歌は、最後に私にとっても親しいものに変った。日本でなら「きよしこの夜、星は光り……」で始まるあの歌である。ただし、ここではやはりスペイン語。女性ばかりの声だからであろうか、この広い空間の中にあって、それはひどくはかなく聞こえる。

祭壇の脇に置かれていた説教台に、十歳くらいの少年が立った。赤い野球帽に白シャツ、黒いズボンのユニフォーム姿である。そのカン高い声は風にのって、たちまちにして空へ舞い上ってゆく。天上のロベルト・クレメンテに対し、このスポーツ施設のお礼を伝えているものらしかった。

彼の短いスピーチがすむと、再び聖歌が始まり、その少年を先頭に三塁側からホームへ向けて行列ができた。少年の次にはロベルトの親友だったロドリゲス・マイヨラル氏が続き、そのあとにこれも高名なスポーツ・アナウンサーのラミロ・マルチネスが従った。前者の手にはパン、後者のそれにはブドウ酒があった。これに続くロベルトの長男、ロベルト・クレメンテ・ジュニアが手にしていたのは小さな容器に入れられた水だった。彼はそれを胸の前に捧げ持つようにして歩いた。

次男のルイスがバットを持って歩を継いだ。彼らの母親であるヴェラさんはその後だった。彼女の手には子供用の、しかし立派な革製のグラブがあり、真っ白いボールがその中央で眠っていた。彼女にはもう一人息子がいるのだが、彼はこの日、学校行事で重要なことがあって、父のミサを欠席していた。

列はホームベースのところに来ると投手板の方向に急角度で折れ、マウンドの上の祭壇に向って進んだ。三人いる司祭のうち、白と黄色のガウンを着ている人が主式者であるらしかった。列を構成している者の一人一人がそれぞれの手にしていたものを彼に手渡し、典礼は進行していった。

幼くやさしい声の聖歌以外は何も聞こえない静かな時の通過があった。

野球場の境界を示すポプラ並木の上に、また一機、飛行機が飛ぶのが見えた。しかし、マイヨラル氏はもうカメラマンに合図を送ることはしなかった。ミサは終ろうとしていて、カメラマンも必要な分はもうとっくに撮り終えたという恰好をしていたからだ。マイヨラル氏は、それでも前と同様に、轟音の残る空を見続け、そしてしばらくの間、足元の土に目をやったのち、今度はぐるりと首を回して辺りを見た。

彼の目には、今やっと完成したばかりの四面の大野球場がしっかりと目に入っているはずであった。いや、第一面の向うに建築中のプールと宿泊所も、第二面の向うのゴルフ場も、それに第三面の彼方にある陸上競技場や、それとは別個のサッカー場も、また第四面とは道をへだてて作られるいくつかのテニスコートやリトル・リーグ用野球場なども、今の彼には新たな意味をもって映っていたことだろう。

スポーツ施設とはいっても、これはまた何とも規模の大きなものだ。正式には"Ciudad Deportiva Roberto Clemente"——英語流にいうなら「ロベルト・クレメンテ・スポーツ・シティ」となるその広大なグラウンドの上には、いつの間に来たのか、白や黄色のユニフォームの駆けめぐる姿が見られた。

2　サンファンの海に消ゆ

そもそもロベルト・クレメンテとは、どのようなプレーヤーであったのか——。それを示すには、彼の残した記録のうちのいくつかを記すだけでこと足りるだろう。

●首位打者賞獲得……四回
●最高殊勲選手賞獲得……一回
●オール・スター・ゲーム出場……十四回
●ゴールド・グラブ賞獲得……十二回
●通算安打数……三、〇〇〇本

日本におけるよりゲーム数が三十も多い大リーグのことといっても、通算安打数が三、〇〇〇本というのはやはり凄い。ロベルト以前にそれを記録しているのは、長い球史の中でも十人を数えるのみである。古いところからその名をあげると、キャップ・アンソン、ホーナス・ワグナー、ナップ・ラジョワ、タイ・カッブ、トリス・スピーカー、エディ・コリンズ、ポール・ウエイナー、スタン・ミュージアル、ハンク・アーロン、ウイリー・メイズ。いずれもが球史に不朽の名を残す名選手たちだ。

それにまた、ロベルトの放った安打が丁度三、〇〇〇本というのも、大いに興味の湧くところではないか。少し広げて、これら以外の記録となれば、次のところが目を引く。いずれもが並のプレーヤーでは成し得ないものばかりだ。

- 通算打率……三割一分七厘
- ワールド・シリーズ連続試合安打……七
- ワールド・シリーズ通算打率……三割六分七厘
- 一試合三ホーマー……二回（一九六〇、七一）
- 一試合最多三塁打記録（タイ）……三（一九五八・九・八）
- 通算ホームラン数……二四〇本
- 通算三塁打……一六六本
- 通算二塁打……四四〇本

大リーグで活躍したのは、一九五五年から七二年までの十八年間。一貫して「ピッツバーグ・パイレーツ」でプレーした。守備位置は外野、ライトを守ることが多かった。リーディング・ヒッターになること四回というのは、彼がいかに安定した打力の持主であったかの何よりの証拠であろうけれど、右の記録は同時にまた、クレメンテがその守備力においても超一流であったことを示している。それでなくて、どうして守備力で選んだオールスターである「ゴールド・グラブ賞」を十二回もとれるだろう。

ただ、このカリブ海の小島出身の外野手が、その野球生涯においていかによく打ち、よく守ったところで、それだけでは、これほどのミサが捧げられることはなかっただろうし、その名によるスポーツ施設の完成もなかっただろう。彼の名が単に一人のすぐれた野球人を示すものであるにとどまらず、まるで殉教者のそれのように伝えられるのには、死と出会うことになった彼の最後の行動によるところが大きいのは言うまでもない。

その概要は、先に示した新聞記事にある通りだが、ことの重要性からみて、今少し詳しくそれについて述べてみる必要があるだろう。その前後の事情を述べずして、クレメンテを語ることはできないからである。

ことの起こりは、先にもあった通り、マナグア（ニカラグア）での地震であった。

通算三、〇〇〇本安打を記録して故郷に帰ったロベルトは、その冬も多忙なオフを過していた。

長年にわたって、シーズン・オフには「ウインター・リーグ」でプレーしてきた彼ではあったが、この年ばかりはそうはしていなかった。子供たち相手の野球教室を開いては指導に走り回ったり、かねて計画中のスポーツ広場の準備のために大半の時間を割いていたのだった。ほかにアマチュア野球チームを世界選手権大会に引率して行ったりもしているが、これがのちに大きな意味をもつものとして語られることになる。

彼は子供たちのために無料のスポーツ施設を作ることを長く夢みていた。貧しかった少年期のことを、彼はいくつになっても忘れてはいなかったらしい。

「子供たちに、できるだけ多くの種類のスポーツに触れられる場を与えたい。その中で子供たちはそれぞれ自分に適したものをつかんでくれればいいのだ。すぐれた指導者をそなえて、無料で提供する。週末や長い休暇のときは子供たちに、その他の時間には一般に開放するとうまくいくのではないか――」

彼は、何年か前から本気になってこの計画をおしすすめていた。指導者にと友人のうちの適切な人と確約をとりつけ始めていたのもそのためであった。

十二月二十三日、同じカリブ海沿岸の国ニカラグアの首都マナグアで大きな地震が起った。初めの発表でも、被害は死者六、〇〇〇人、怪我人二万人以上、家を失った者三万人以上と伝えられた。その知らせに対するクレメンテの反応は早かった。

伝えられるところの彼の行動はこうである。救援運動に加わったクレメンテは、翌二十四日には、テレビ・ラジオ局WAPA―TVのスタジオに向い、そこから全島に協力を呼びかける放送を行った。「プエルト・リコの魂」と呼ばれる人気歌手ルース・フェルナンデスもこの呼びかけに加わっていて、二人のあげた効果は絶大だった。

指定されたサンファン市営球場の駐車場に、救援物資が各方面から寄せられてきた。薬品、衣料品、食料、日用品……。すぐにもそれは一五〇トンの多きにのぼった。いくつかある社会奉仕団体からも多額の金が拠出された。ボランティアとしてマナグアへ飛んで行こうという医師団も現れた。

ロベルト・クレメンテは電話によりマナグアとの連絡を常にとれる態勢を作り、献身的に働いた。一日のうちの十六時間を彼はこのことに捧げていたといわれる。クリスマスも何もなかった。できるだけ安価に荷を運んでくれるよう飛行機会社と交渉したり、さらに多くの協力者を募ったりで彼は忙殺されていった。

十二月二十九日にも彼はテレビを通じ、積荷作業への一般の人々の協力を求めている。その年の最後の日となるまでに、すでに三機が救援のためにプエルト・リコから飛び立っていた。そして最後の飛行が、大晦日の朝に行われることになった。

募集に応じてやってきたパイロットや他の乗組員と共に、ロベルト・クレメンテもこの機に乗ることになった。多くの者は彼にサンファンにとどまって総指揮をとるよう頼んだのだったが、彼の意志を変えさせることはできなかった。

どんなことがあっても、やはり自分が行かねばならない——との思いがロベルトにはよほど強くあったものらしい。それもそのはずである。彼らがそれまで三機の飛行機を使って送り出した物資が、必ずしも公正に分配されているわけではないことを彼は知らされていた。当時ニカラグアにはソモサという独裁者がいて、その下で役人たちも腐敗を極めていた。ロベルトたちの送ったものがブラック・マーケット（闇市場）で高値で売られているという話も伝わってくる。自分が呼びかけ、一般から集めた貴重な物品である。その正当な配布までを見届けるのが自分の義務であるとの思いが彼には強くあったにちがいない。

一九七二年十二月三十一日（日曜日）の夜九時すぎ。四エンジンDC・7貨物輸送機に乗り込んだクレメンテは、二十六トンにのぼる最後の救援物資と共にプエルト・リコの首都サンファン近くの空港からニカラグアに向った。

ところが、どうしたことか——。

この飛行機が海に落ちた。

日本の新聞にも出ていたこの事故の第一報については、すでにその全文を示した。ただ、その続報が大いに伝えられたかというと、それは怪しい。野球の専門誌にはいくらかの記述はあったろうけれど、一般にはあの第一報こそが最初で最後のものとなったのではなかったろうか。しかし、UPIは次の報を、そのすぐあとに打ち出しているのであった。

【プエルト・リコ、サンファン】アメリカ合衆国沿岸警備隊の報告によると、昨夜、貨物輸送機が一機大西洋に墜落した。それはニカラグアのマナグア市への救援に飛び立ったもので、「ピッツバーグ・パイレーツ」のスター、ロベルト・クレメンテ外野手と、他に四人が乗り組んでいた。夜を徹しての捜索にもかかわらず、生存者は見つかっていない。

サンファン国際空港のスポークスマンによると、その四エンジンDC - 7機は離陸後数秒にして落ちたとのことである。クレメンテはニカラグアにおける地震から生き残った人達を救うために、そこに向っていたのだった。空港当局の話では、このプロペラ機に乗っていたのは、彼のほかはパイロットのジェリー・ヒル、副操縦士でその飛行機のオーナーのアーサー・リベラ、空輸オペレーターのラファエル・マシアス、それにあとの一人はただロザノという名の男であることしか分っていない。

二機の沿岸警備隊ヘリコプター、パトロール・ボート、浮標整備艦などがサンファン空港の一、二マイル北の海域を夜通し捜索して生存者を求めたが、二、三の漂流物を見出したのみである。その間、クレメンテ夫人ヴェラ・クリスチーナ・クレメンテ、それに彼の父メルチョール・クレメンテは近くの海岸からその作業を見守った。姉の話では、クレメンテは一日前に出発することにしていたとのことである。

サンファン国際空港公報担当のアマディ・チャードンは、同機が墜落したのは午後九時二十二分だったと発表した。十二月二十三日マナグアを襲った地震の被災者に供給するための薬品、食料、および他の救援物資がそれには積み込まれていた。

ロベルト・クレメンテ（三十八歳）はプエルト・リコからの救援計画の指揮をクリスマス・イヴの日から引き受けていた。昨シーズン、彼は史上十一人目の三、〇〇〇本安打を記録したばかりである。生涯通算打率は三割を超え、ナショナル・リーグの打撃王となること四度。三割以上を打ったシーズンも十三回を数える。昨シーズンは一〇二試合に出場、三割一分二厘の打率を残していた。

このニュースが流された時のプエルトリカンたちの驚きようは、想像に難くない。普段は野球と全く無関係の老婆たちもが、海を見つめて泣き続けていたという話に、全島を揺るがせた衝撃の大きさが知られる。

懸命の捜索にもかかわらず、クレメンテの遺体はついに見つけられなかった。回収されたのは操縦席の一部と黒コゲになった医療機器、それに缶詰など。

島民は三日間、喪に服し、予定されていた知事の就任式は延期された。新聞はどれもその死を悼んで長文の別れの言葉を掲げた。それはプエルト・リコに限られたことではなく、またカリブ沿岸諸国のみにおけることでもなかった。「パイレーツ」の本拠地ピッツバーグにおいてそうであり、ニューヨークにおいてそうであった。

3　主なきあとに

ミサに参列していた人の車が次々に去っていくと、暑さは一層はげしく、その土の上に襲いかかってくるようであった。頭上は一色の青である。

私はルイス・マイヨラル氏と肩を並べ、二つの球場の間の白い道を通って氏の車の方へ歩を進めていた。この広場の設備のあれこれについて氏から説明を受けているうちに、私たちが最後になっていたものらしい。

話の合間、ふとグラウンドに目をやると、さきほどまでは無人だったその赤土の上を、一人の青年が大きなストライドを見せて走っている。

「ロベルトだよ」

ルイスは言った。

走者はいま外野のそのまた外周を駆けているから顔かたちは定かでないが、なるほど、あの走りっぷりはロベルトのものだ。

ロベルト――といって、初めての人には誤解が起きるだろう。死んだロベルト・クレメンテは、自分の長男に自分と同じ名を与えていた。従って正式にはそれはロベルト・クレメンテ・ジュニアなのだが、呼び名はあくまで「ロベルト」である。父が死んだ時には七歳であった彼も、今は「パドレス」のファーム・チームにいて、父のあとを追って、大リーガーになることを夢みている。周囲にはその才能を疑問視する者が多いが、本人はそれに対して一貫して平静な態度をとっている。

つい先ほどまで黒の礼服に身をかためて威儀を正し、クレメンテ家を代表して列席の誰彼に丁重に礼を述べていたというのに、彼はもう練習着に着がえてトレーニングに入っているのであった。

私たちは歩みを止め、彼が目前を走り去るのを待った。ロベルトは私たちを認めるとニッコリとほほえみ、片手を大きく挙げて挨拶を送った。ただし、その歩調を一瞬たりともゆるめはしない。黒い顔の中の白い歯が印象的だった。

「オヤジさんの能力の、せめて半分でもあればいいのだが……」

十分にロベルトが走り去るのを待って、ルイス・マイヨラル氏はつぶやいた。全くそうだ。それは彼を知るすべての人に共通する感慨だった。いや、それは当の本人にもとうにある思いかもしれない。それでなくて、こうまで熱心にこの炎天下を走り続けられるものではないのではないか。

父親のような偉大なプレーヤーになりたい——それは物心がついて以来の彼の念願であった。そのための努力も、彼はすべてやったのだろう。だが二十歳の今、父親の場合はその年齢でとうに大リーグから声がかかっていたというのに、ジュニアである彼のまわりにはその気配すらない。

周囲の声が彼に伝わらないはずはなかった。ただ彼にしてみれば、それをはねのけるためには、ほかでもないベースボールそのものに打ち込む以外にないと思っていたのではなかったろうか。

そのような考えを私が持っていたには理由があった。これより二日前の一月二日に、私は彼の出場する試合を見るためカイエイという町へ彼に同行していた。そのゲームというのは公式のウインター・リーグの一つなのではなく、単にその町のチームとの試合にすぎないものだったが、これにかけるロベルト・ジュニアの気魄といったらすさまじいものがあった。

ラテン・アメリカのプレーヤーの場合、殊に年若い選手たちはシーズン・オフになるとそれぞれ故郷に帰って、その町のユニフォームを着て近隣のチームとゲームを行うことなど、決して珍しいことではない。これもプロ野球——いや、考えてみれば、これは最もオリジナルな形のプロ野球を現出するものといっていいだろう。

夜の七時に始まるというそのゲームのために、彼が家を出たのはまだ陽も高い午後三時だった。プエルト・リコ島の中央、山間部にあるその町までは車で四十五分ほど。試合前には決して車を運転しないという彼は、ドライビィングを友人の一人に任せ、助手席にいてもっぱら私のための観光案内の役を引き受けてくれていた。だが、その両手からグラブとボールの離れる時はなかった。

カイエイの町に至ると彼はスポーツ品店に立ち寄り、そこでスパイクの金具を新品にかえた。内容的には軽い食事を、ただし時間だけはたっぷりとったあと、私たちは球場に向った。彼がロッカー・ルームに入っていった時、まだそこには誰の姿もなかった。それでも彼は早々と練習用の野球着を身につけ、用具を持って通路をくぐった。そこは、あまり手入れの行き届いていない陰気な感じの球場で、もちろん観客の一人もまだいない。ロベルトは球場全体に目をやったのちグラウンドに出た。が、それは練習のためだけではなかった。彼はそこに放置されている備品を整理し、観客の捨て残したゴミを拾った。ランニングと準備体操が始まったのは、三十分近くもたってからのことである。それを相当こなしたあとになっても、チームメイトはまだ誰も姿を現わさない。

「キャッチボールの相手でもしようか――」

たわむれにそう言ってみると、彼は人なつっこい笑みを浮べて、予備のグラブを渡してくれた。硬球のボールを投げるなど、日頃はまったくないことだから、随分と奇妙な動作を私はそこで晒したわけだが、観客のないところ何の恥じるものもない。それよりも何よりも、ロベルト・ジュニアの野球にかける執念に、私は大いなる共感を覚えていたのだった。

共感といったのは、つまりこうだ。もしも私がロベルト・ジュニアであったとして、やはりそうしたであろうということ。父親がかつて着たのと同じ「サンファン・セナンドレス」(San Juan Senandores) のユニフォームを身にまとい、番号も同じ栄光の「21」を背負うとしたら、やはり、人より遅れてノコノコと球場入りする気にはなれないだろう。

言ってみれば、それがプレッシャーというものだろうけれど、そのプレッシャーを挺子（てこ）にするくらいでなければ、はなから駄目なのではないか。

ようやくにして二十歳になったばかりの身とはいっても、ロベルトはすでにこの世界での修羅場を見てきた男だった。二年前、高校を出たばかりの彼は、当然のごとくにしてプロ野球界に入った。父を知る多くのファンの、その息子に対する期待は大きかった。しかし、そのファーム・チームにいること一年を経ずして「フィリーズ」から追い出されてしまった。見込みなしとされたわけである。それでも野球を続ける意志の衰えることのない彼は、「バドレス」の門をたたいて、やっと入れられた。だから今の彼は、アメリカ野球機構の中にいるとはいっても、父が十八年の長きにわたって在席していたものとは別の球団の選手なのであり、それもA級よりさらに下の、ルーキー・リーグの一員なのだった。

同じ年齢の時、彼の父は早くも大リーグにあって、おまけにレギュラーの位置をさえ獲得しようとしていた。この差は大きいが、かといって今の彼に野球への情熱が完全に消え去っているわけではない。いや、むしろここ一、二年を懸命にがんばることで、何らかの結論を見い出そうと彼はそのことに賭けているのだ。

思ってみれば、彼のゲームへの入れ込みの激しさも、プレッシャーの感じ方も、すべてが理解されてくる。だから、その日のカイエイでのゲームが始まったばかりのところで猛烈なスコールにあい、ついに試合続行不能の判断が関係者から出された時の彼の落胆ぶりもよく分るのだ。グラウンドを打つ激しい雨足を見つめながら、

——やりたかったなぁ

と、何度彼は言ったことだろう。

プレーヤーのうちの誰よりも早くロッカー・ルーム入りした彼は、その日、誰よりも遅くロッカー・ルームを出た。せめて素振りの何百本でも念入りにしてみないことには、ユニフォームを脱ぐ気にはなれなかったのだ。スタンド下の空地での彼の長い呻吟をそのチームメイトも知らない。あの事故から十三年。ロベルト・ジュニアは、野球選手として父に接近し得るかどうかの瀬戸際に立っているのだった。

ロベルト・ジュニアについて語ったとなれば、その一歳年下の弟ルイスのことにも触れておかなければならないだろう。

実は彼もまた、その兄の場合とほぼ同等の意味においてプロ野球選手なのである。ハイスクールを出ると、すぐに「パイレーツ」に入れられた。とはいっても、今のところはやはりルーキー・リーグ加盟の「ブラデントン・パイレーツ」の所属である。球団は彼を、その父とは違って内野

手に育てようとしているらしい。本人もまたその気で大いにがんばってはいるのだが、成績はこちらも抜群とはなっていない。周囲にとっては、また新たな落胆のたねとなり兼ねないところだが、それがあまり語られないのは次男という立場の得なところかもしれない。

たしかに、このルイス君、世評を避け得る点でその兄のロベルト・ジュニアよりはるかに好位置にいると言えるが、ほかにも彼をせっぱつまった状況に追い込まずにいるいくつかの条件をもっている。彼は職業上は野球選手であって、同時にプエルト・リコ大学の学生でもあった。ルーキー・リーグのシーズンというのが六月に始まり八月いっぱいで終るものとされているから、他のゲームを引き受けない限り学業を続けることは可能である。実際は両立はなかなか大変だとのことであるが、ルイスは何年かかろうと大学は出ようと決心している。目下のところまだ一年生だが、将来はマスコミ関係の勉強を専門にしたいと考えているところだ。

ハイスクールを出るに当って、学業をとるか野球をとるかに迷った上、結局はこうしてその両方を彼はとったわけである。しかし、実のところもう一つ、彼にはほかにも迷いがあった。それは長い間つきあってきた音楽のことであった。大学に入る前から、彼は「パッセージ」という名のグループ・サウンズの中心となっていた。それはプエルト・リコのテレビやラジオにも何度か引っぱり出されるほどのものとなっていて、その人気絶頂の時にすべてを捨て去ることは彼には耐えがたく思われるのだ。

「メンバーの一人がシカゴ大学に進むことになり、ほかの何人かもここの大学へ行くこととなって、今一時的には音楽の活動はできなくなってしまっている。でも解散してしまったわけではないし、いつまた元通りになるか、それは分らない」

この一時休止の間にも、メンバー各人におけるこの方面の勉強や練習も盛んだそうで、むしろ互いに再会の日を楽しみにしているのだとか。実際、ルイスの音楽の才能というのは並のものではない。得意のシンセサイザーを聞いた人の多くは、彼に早く野球を捨てるよう進言したというのも十分に理解できる。彼自作の「父に捧げる曲」などは、門外不出にしておくのはもったいないほどのものである。

それはそうとして、肝心のベースボールの方では彼はどうなのか。

「パイレーツ」が彼をとったからには、ある見込みを球団は彼に対して抱いたことは確かだろう。お義理ばかりで人を採用するほど、この世界は甘くはないはずだ。本人にとっても、この道は初めから意識の中にあったもので、こればかりはこれまで一時の中断もなく続けてきた。いささか性質が優しすぎるきらいはあるが、あの根っからのきまじめさをここに持続できるなら、ある程度のプレーヤーの位置は維持するだろう。

しかし、兄のロベルト・ジュニアがあの体と激しい練習をもってして、今も上級への抜擢がないのである。二人の間の年齢差は一歳。それでいて二人の体格の差を言うなら、〈一年間のプロ経験が、どのような体型の変化を人に与えるか〉の典型を二人は形成していると言っていい。

この歳の若者のことだ。その将来については何人も断言はできないだろうが、

「野球なら、末っ子のエンリケが最も向いているでしょう」

と言う母親ヴェラさんの言葉が最も的を射たものではないか。リックという愛称をもって呼ばれるこの十五歳の少年は、まだハイスクールの途中。それでいて、体は早くも長兄のそれを抜く勢いである。

このように書いていくと、ヴェラさんはいかにも熱心に息子たちを野球選手に仕立て上げようとしているかのように見えるかもしれない。だが実際は、その気配は皆無で、すべては息子たち本人の意志まかせなのである。

あまりにも多忙で――と彼女は笑って言うが、それは事実だ。夫の死後、彼女は極端に多忙になった。もともとは、あまり出しゃばることのなかった地味な性格の彼女も、いつまでもそうであり続けることは許されなかった。殊に、ロベルトの遺志であるスポーツ広場の建設を彼女が引き継ごうと決心してからはそうだった。土地の確保、資金の調達、そして運営計画の一から、彼女みずからが先頭に立った。その甲斐あって、今ここに政府からの二三三エーカー（一エーカー＝四、〇四六・八m^2）にも及ぶ土地の提供を得て、ロベルト自身でさえ考えていなかったほどの大規模な「スポーツ・シティ」の出現をみたのである。

十三年前には、ただ涙にくれるだけであった彼女のその後の足跡がそこにあった。その人柄の上に大きな変化とてないのであったが、その存在の影響力には大きな変化が起っている。もとはといえば、彼女がこの「スポーツ・シティ」に取り組むことになったきっかけも、ロベルトの死を悼む多くの人々からの支援を有効に役立てようとしたことにあった。

「パイレーツ」からの一〇万ドルをはじめ、多くの銀行や商社、新聞社などから多額の金が寄せられた。ニクソン大統領も自分のポケット・マネーから一、〇〇〇ドルを送り届けてくれた。

しかし、ヴェラさんが最も深く心を打たれたのは、名もなき人々からの小額の寄贈だったという。

〝給料日から給料日までのやりくりで精一杯の主婦として、私にはこれ以上お送りすることはできません。本当はもっと送りたいのです〟という手紙と共に一ドル紙幣を送ってきたロードアイランド州の女性。〝これは私たちのお小遣いのすべてです。ロベルトに捧げます。彼の夢のために使って下さい〟と書かれた小さな紙切れと共に、分厚い封筒にコインをつめて送ってきたヴァージニア州の子供たち。

このように集まってきたお金は二週間で三五万ドルに達し、やがて一〇〇万ドルを超えた。

それらに励まされて乗り出したことではあったが、ここに至るまでの苦労といえば、言うまでもなく大きかったはずである。事実、途中において何度か挫折の危機に見舞われた。信頼していた職員に裏切られるという不運もあったようだ。だが、〈できるだけ多くの子供たちに無料でスポーツに親しめる場を提供したい〉という最初のロベルトの理想のままに彼女はそれを実現させようとしてきたのであった。

これを資金面で支えたのが、大リーグ・チームによるゲームの開催であった。それは一九七四年から十年間にわたって行われたものであるが、シーズン前のオープン戦を二試合サンファンにおいて開き、収益のすべて約一〇〇万ドルがこの計画に捧げられた。

テレソンと呼ばれるテレビ長時間番組の提供も大きな助力となった。これは一九八一年から地元のテレビ局が奉仕的に始めたものであった。その呼びかけに応じて集められた寄付金は、四回のテレソンで一六五万ドルに達したとか。施設の拡充費のほかにも、スポーツ指導員やその他職員などへの人件費も莫大で、ヴェラさんは今、運営費を恒久的に生み出してくれる財源の確保とその運用に全力をあげているところだ。

息子たちそれぞれが、自分の人生の開拓に懸命になっているのと同様に、彼女もまた夫の遺志を自分の志として、やはり激しい闘争の日々を送っているのだった。

4　砂糖キビ畑から

ところで、ロベルト・クレメンテとは一体どのような素姓の男であったのだろうか。

記録をもとに、それを辿るとこうである。彼は一九三四年八月十八日、サンファン近くのカロリーナの農園の近くで生まれた。父メルチョール・クレメンテはこの時すでに五十四歳。「ヴィクトリアン・シュガー・ミル」という砂糖会社で働いていた。

カロリーナといえば今では十三万以上もの人口を抱えるところだが、当時は住民二万人にも満たない小さな町で、砂糖こそが主人公といったところだった。資本はすべてアメリカからで、プエルトリカンたちはその下で従業員として働くのである。

ロベルトの父も、その父も、それにおじたちも隣人たちも、みんながその砂糖キビ畑で、夜明け前から日暮れまでを働き通してきた。その一日がどのようであったか。それは想像にあまるものだっただろう。容赦ない太陽の輝き。骨の折れる単調な労働の連続……。

ロベルトが生まれた頃には父メルチョールは現場監督になっていて、最低の労働条件の下であえいでいたわけではなかったけれども、生活は決して楽ではなかった。何しろここは「カリブの貧民窟」との酷評が定着してしまっていたほどのところで、島民の平均日給が僅か三十セントだったとされる。加えて、世はまさに「グレイト・ディプレッション」(大不況)の嵐の中、誰もが貧困に苦しんでいた。

病気に対する対策もおくれがちで、男の平均寿命が四十六歳という低さであった。だからロベルトが物心ついた時、父はすでに高齢の域に達していたことになるが、ともかくも父がいるだけで幸せとしなければならなかった。

母ドーニャ・ルイサは二人の子供を連れての再婚だった。メルチョール・クレメンテとの結婚でも彼女は五人の子供を生んだが、その末っ子がロベルトなのであった。彼ロベルトには、つまり六人の兄や姉がいたことになる。

ただし、そのように多くの兄や姉がいたとはいっても、そのすべてが彼の庇護役にまわったわけではない。むしろ、後にはこの末っ子に重荷を与える結果となった者もあった。長兄のルイスが病に倒れ、手術の途中で死んだ。あとには二人の子供が残された。長姉のマリアは、お産にあって、赤ん坊の命と引きかえに他界した。ロベルトより先に死亡した者をあげるなら、同じ父のもとに生まれた姉の一人アンナもまたその中に入る。

それだけ末っ子ロベルトの、一家に対する責任は重大になっていた。しかし、当の本人はその重荷を別段何とも思わないままに育ったようだ。彼はもともと非常に気持の優しい子供であった上に、父メルチョールを大変尊敬してもいて、一家の役に立つことを大きな喜びとしていたらしい。

父は仕事場への行き帰りに馬を使っていたが、ロベルトは、父と共にその背で揺られるのがことのほか好きだった。そして仕事場では積荷や穴掘りなど、自分にできることを見つけては手伝った。やがてのちに、その馬が小型トラックに変っても、彼の仕事は変らなかった。ロベルト・クレメンテは、のちにアメリカ・大リーグのヒーローとして年間契約十五万ドルのプレーヤーとなるが、野球界に入る以前に、彼はみずからの仕事を通じて金を得る方法を早くから見つけていたわけである。

子供の頃の彼の働きぶりを伝える話としてよく出されるものに、次のものがある。

それはもう彼が学校へ行き始めていた頃の話らしいのだが、彼は自転車が欲しくてたまらなくなった。でも、それはもちろん高価。中古品なら少しは安いだろうと彼はあちこち捜しまわり、やっと見つけたものの、それでも二十七ドルもした。農場での働きからではとても買えないとあって、彼はミルク缶運搬の仕事をも引き受けた。毎朝六時に起きて大きな荷車にそれらをのせ、店まで引っぱっていく。それで収入といえば日に僅か三十セントだったが、農場での仕事の分ともあわせ、結局は自力でそれを手に入れたというのである。

不況に輪をかけて彼らの生活を圧迫したのが戦争であった。日本が真珠湾攻撃をしたのがロベルト七歳の時である。カリブ海にはドイツの潜水艦が出没し、そのための港湾封鎖などによって物資の供給を絶たれた。金持ちでさえ食うに困る時代となっていた。

その中にあっても、ロベルト自身の懐古談の中にある少年期の思い出が明るいのは、両親から受けた愛情の大きさによるものだろう。

「子供ながらに、私は自分の両親がどんなにいい人であるのか気づいていた。私は親にちゃんと扱ってもらい、また正しい生き方を教えられた。私の家の中には憎しみというものがなかった。どの人に対してもそれはなかった。私は、母が父にひどい言葉を言うのを聞いたことがないし、父が母に言うのも聞いたことがない。戦争中、プエルト・リコ中が食料に困った時も、私たちは飢えたりしなかった。両親がいつも何か食べるものを見つけて来てくれたからだ。食べるのは、いつも子供たちが先、両親が食物を口にするのはそれからだった」(「ブラック・スポーツ・マガジン」一九七二年十一月号)

ロベルトがその父親をどんなに好いていたかを示す話に、次のことがある。

ロベルトがごく小さい頃のある時、父メルチョールが病気にかかり、プレスビテリアン病院に入院した。ロベルトは父に面会したくてたまらない。何度も病院を訪れるのだが中へ入れてもらえない。年齢が小さすぎるというのである。ならばと、彼は父の病室の近くのヤシの木に登り、それにしがみついたまま、窓越しに父の病状を見守っていたのだという。

周囲の人の話によれば、この父親は決して子供を甘やかすタイプの男ではなくて、むしろ厳格な方だったとのことだが、善悪のけじめのはっきりした、物の道理のよく分った人であったらしい。先に引用した新聞記事では、ロベルトの乗った救援機遭難の知らせにサンファンの海の波打ち際まで走り寄った人々の中に、この父もいたとのことだが、九十歳を超えていたはずのその人の胸に去来していた思いは察するに余りがある。

それはそうとして、ロベルトが子供の頃から他人思いの優しい気性の持主であったことは注目しておかねばならない。のちに彼は大リーガーになったあとも、数えきれないほどの小さな親切を実行するが、その根本には彼生来の心の温かさ、さらには家庭内での教育がものをいっていたものと思われる。遠征の途中で知り合った老婆をその家まで送り届けた話、ファウルボールを捕りそこねて泣きベソをかいていた少年に試合後にそっとサインボールを与えた話、母校を訪問してみて担任だった先生の病を知ると、直ちにその家を訪問し彼女を背におぶって入院させた話……こんなことを挙げていけば、実際キリがない。

ついでにいえば、この担任の先生というのが、のちに妻となるヴェラさんとの出会いを開いてくれた人で、ロベルトも最後まで彼女には尊敬を払い続けている。

ところで、そもそもこのロベルトがどうして野球に触れることになったのか。またそのかかわりはいつ頃からのことだったたか。

想像される通り、彼がそれを習ったのは兄たちからであった。少年野球のリーグ戦に出場する兄について行って、見よう見まねをすることから始まった。時には、兄の一人に代って試合に出ることもあったらしい。

彼の述懐する最初のバットというのは、バンジロウの木の枝を削って作られたものだった。これは熱帯アメリカ原産フトモモ科の小低木で、その実はゼリーやジャムの原料となるものだった。グラブも、最初のものはコーヒー袋の布で作られたものであり、ボールもはじめはボロ切れを紐でグルグル巻きにしたものにすぎなかった。

少年期になると、ロベルトのスポーツにおける能力は傑出してきて、野球についても、もういっぱしのプレーヤーだった。そして何より、彼はそれが好きだった。午前十一時に試合を始め、午後六時半までぶっ通しでゲームをやったというのはその頃のことである。のちになって、彼はいたずらっぽく「一試合十ホーマー」を語るが、それはこのような折のゲームのことだったのだろう。

このことは、当時すでにその島において野球が人気の高いスポーツとなっていたことを同時に伝えるものだ。かつてはスペインの領土であったところが、どのようにして野球漬けにされていったかについては少し説明がいる。

アメリカ大陸発見の航海の途中だったコロンブスに見い出されて以来、四世紀にわたるスペイン統治下にあってこの地のスポーツいえば、最初は野球ではなかった。闘鶏と競馬——これである。そういえば、競馬熱は今も高く、島の規模にしては場違いに思えるほどの立派なトラックで週に三日（水・金・日）レースが行われている。

この島に野球が入りこんだのは米西戦争（一八九八年）の結果によるものであった。この戦争においてスペインが敗北し、プエルト・リコはアメリカに割譲された。フィリピンやグァムがアメリカの領士となったのも同じ時であり、キューバが独立したのもこの時のことである。

スペイン人たちに代ってやってきた者のうち、まずアメリカ海兵隊員たちが適当な場所を見つけてはベースボールを始めた。そして多くの島民がそれに魅せられていったのだった。しかし、ここに野球熱を定着させたものはと言えば、それは決して彼らなのではなかった。それはアメリカ本土からやってくるプロたちであった。ただし、プロとは言っても大リーガーたちではなく、黒人ばかりによる職業野球団の巡業だった。

一九四七年、ジャッキー・ロビンソンが「ドジャーズ」に入れられるまでは、大リーグは黒人選手にその門戸を閉ざしていて、彼らに別のリーグにとどまることを余儀なくさせていた。それが黒人ばかりによる、いわゆる「ニグロ・リーグ」である。それは人気や収入の点では大リーグと雲泥の差があったとはいえ、実力においては決して劣るものではなかった。

幻の名投手サチェル・ペイジ、公式戦で九六二本ものホームランを記録したジョシュ・ギブソン、「黒いゲーリッグ」の異名をとったバック・レナード、俊足巧打の名外野手クール・パパ・ベルなど、大リーグに入っても超一流になれた選手も多かったが、彼らはよくこのカリブ海に浮かぶ島までやってきて、豪快な野球を見せつけたのであった。

一九三〇年に始まったアメリカ経済界における大不況は、下積みになるほどその影響の度を深くしていて、当然、下層球界である「ニグロ・リーグ」は、その荒波をまともに受けた。新たな観客を求めて彼らが遠征の旅巡業に出ているのは、この事情による。キューバ、プエルト・リコ、ドミニカといえば、のちにアメリカ大リーグに幾多の好選手を送り込む貯蔵庫となるが、それらの国々のプレーヤーたちに最初のコーチ役を果したのが、これらニグロ・リーガーたちであった。

一九三八年——といえば、ロベルト・クレメンテ四歳の頃である。プエルト・リコに「ウインター・リーグ」なるものが誕生した。これは今も残る、当地にあっては人気の高いリーグである。一九三〇年代にして、プエルト・リコの大きな町にそれぞれ野球チームが生まれ、早くもプロとしてそれは歩み始めた。これは文字通り、冬期のみのリーグ戦であり、大リーグの公式戦とは時期を異にしていたから、オフを活用しようとするメジャー・リーガーの参加も多く、レベル的にも相当に高いものであった。キューバからは、名選手ホセ・メンデスも加わって、大いに熱気をかきたてた。

こんな雰囲気の中で、スポーツ好きのロベルト少年がそれから何の影響も受けなかったとしたら、その方がよほどおかしい。ハイスクール時代のロベルトは、陸上競技のほか、ヤリ投げ、走り高跳びなどで大活躍、早くも校内外のスターとなっていたが、本人が最も熱を入れていたのは、やはりベースボールだった。黒人リーグの名手の一人モンテ・アーヴィンへの憧れが、野球への傾斜を促進していた。ヤリ投げを長く得意としていたという肩の強さは母親ゆずりのものであった、と彼はあるところで述べている。

一九五三年、ハイスクールを出たロベルトに少くとも九つの大リーグ球団から誘いが寄せられた。なんでも、最初に入団交渉に来たのは「ニューヨーク・ジャイアンツ」(現「サンフランシスコ・ジャイアンツ」)であったが、後から「ドジャーズ」が割り込んで、強引に彼をさらって行ったというのが実情らしい。そのために「ドジャーズ」は一万ドルという契約金と五、〇〇〇ドルの年俸を提供した。それらはいずれも、その年齢の有色人種の新人に支払われるものとしては破格のものであった。

そうまでして「ドジャーズ」がこの若きプエルトリカンを採用したのには理由がある。宿敵「ジャイアンツ」には同じ黒人で大スターのウイリー・メイズがいた。外野手としての守備ぶりも最高なら、打撃もまた申し分なかった。素質抜群の若きクレメンテが力を伸ばし、メイズと共に同チームで大活躍をされてはたまったものではない——というのが本音であった。つまり、「ドジャーズ」としては、その時点での自軍の戦力向上のためというより、むしろ、優れた素材がライバル球団に流れるのを妨ぐ意味で、彼との契約を結んだのであった。

一九五四年、ロベルト・クレメンテは「ドジャーズ」のファーム・チームである3Aの「モントリオール」に入れられた。それはそれでよかったのだが、彼は入団早々から理解しがたい体験をもつことになる。
彼の実力についての評価に変化が起ったわけではなかった。持前の野球技については相当の価値を認められながら、その発揮の機会を十分には与えられないのである。

「三振をすると、私はゲームに残ることができた。そして調子が戻るとベンチに帰されるのだ。ある日、私は一試合に三本の三塁打を放った。すると翌日はベンチ入りを通達される。初回満塁という場面で打席に向おうとすると、ピンチ・ヒッターが告げられる。ピンチ・ランナーとか、単なる守備要員として使われることも多かった。何が何だか私は分らなくなって、家へ帰りたくて気が狂いそうになった」

ロベルトは当時をふり返って、そう述べている。——「自軍が初回に五点も入れると、もう私はメンバーからはずされる。ボクは監督から好かれていないらしい」。友人の一人に、彼はこう漏らしてもいる。

しかし事実は、監督の好悪という問題なのではなかった。なぜなら、それは彼をこのチームにとどめておくための苦肉の策であったからだ。

当時の取り決めの中に、「四、〇〇〇ドル以上の契約金を受けた新人でメジャーの一軍二十五人の中に加われなかった者は、他のチームからの引き抜きに応じられる」ということがあった。指名権は前年度の最下位チームから順に上に及ぶ。クレメンテがこの「モントリオール」にいた時期は、そのウエーバー方式ドラフトの待機期間を意味していた。

「ドジャーズ」としては、ここで彼が目立った活躍を見せてくれない方がよかったのだ。その方が他のどのチームからもお呼びがかからず、そのまま自チームの傘下に〝かくして〟おけるからである。

ところで、ここにおいて、いささかの疑問の湧くのは当然だろう。ロベルトをそのように実力のあるプレーヤーと認めるなら、どうして彼を〝かくして〟おいたりしないで、一軍に上げて使わなかったのかということだ。その理由を言うなら、それは球団の営業政策のためだったと言わざるを得ないだろう。

その頃の「ドジャーズ」の一軍には、黒人プレーヤーがすでに五人も入団していた。黒人大リーガー第一号で有名なジャッキー・ロビンソンをはじめ、ジュニア・ギリアム、ロイ・キャンパネラ、ドン・ニューカム、サンディ・アモロスといった面々である。同時期にアメリカ大リーグが採用していた黒人プレーヤーは全部で二十人程度だったから、「ドジャーズ」は一球団としては極端に多くの黒人プレーヤーを抱えていたわけである。

ニューカムが登板する日、グラウンドに散るナインのうちの過半数が黒人という場合が起こってきたのである。営業的にいって、それは決して得策ではなかった。白人ファンを駆逐し兼ねない。「黒人が過半数を占める野球なんか見ていられるか」と彼らは言うのだ。ジャッキー・ロビンソンが、ある日、急に「腹痛」を起してゲームを休んだり、キャンパネラ捕手が「指に負傷」を理由に欠場していたのは、実はそのような折のことであった。

そんな事情のあるところに、いかに力があるとはいえ、黒人選手をもう一枚加えることは暴挙と言えた。それでロベルトはあくまでもファームに留めおかれたのであった。

しかしながら、そのような姑息な手段でクレメンテの存在を完全に隠しおおせるものではなかった。前年度最下位の「パイレーツ」のスカウトは、実は投手力の補強のため、同じ「モントリオール・ドジャーズ」の投手ジョー・ブラックに目をつけ、その獲得を狙っていた。しかし、野手のロベルト・クレメンテの方に目移りがしてしまって、契約したというのが実状である。

このようなわけで、ロベルトは一九五五年のシーズンから「パイレーツ」のユニフォームを着ることになり、早くも大リーグの試合に姿を現すことになる。その後、彼の活躍があって、この最低のチームが二度のワールド・シリーズに優勝するのだから、ここでウエーバー方式は見事に実効をあげていることになるだろう。そして「ドジャーズ」は一時は手にしていたこの有望株を、僅か四、〇〇〇ドルで手離してしまったことを、のちに長く悔いることになる。

実際、彼が入った時の「パイレーツ」ときたら、ひどいものであった。リーグきってのお荷物球団になり下ってしまっていたのである。過去五年間で四回の最下位。最下位から一つ上が一回。歴史的にいって、「パイレーツ」は最も古い創設を誇るチームの一つで、名門チームのはずであった。それが一九二七年からこのかた「優勝」の二字とは全く無縁に年を重ねて来ていた。その沈滞したムードの中にあって、ロベルトの激しい集中力を見せるプレーは一段と観客の目を引くものとなったようだ。初年度の彼の成績は打率にして二割五分五厘、二塁打二三本、三塁打十一本、本塁打五本、打点四七。その年齢を考えれば堂々たるものである。ただし、チームはまたもや最下位であった。

「最下位の『パイレーツ』には大して目につくところはない。明るい話題といえばロベルト・クレメンテくらいのもの……彼の英語の知識はごく限られていて、話すにも困難を伴うが、この国の国技をプレーする上においては何の問題もない。ピッツバーグのファンたちは彼の華麗なフィールディングとこの上ない強肩に惚れ込んでしまった」(「ザ・スポーティング・ニュース」一九五五年七月)

ロベルトは、この新しい天地での最初の日々から光を放つ存在であった。それまでの奇妙な束縛から解き放されて、思う存分働くことのできる喜びを彼はようやく味わうことができた。実を言って、大リーグにおける立派なレギュラーとはいっても、カリブ出身の者にはかなりの制約が待ち受けているのだが、それも当初の彼には何ほどのものとも思われなかっただろう。

一九五六年、クレメンテは打率三割一分一厘の成績を残し、ナショナル・リーグの打撃十傑の第三位を占めるまでになった。打率三割以上を記録する十三シーズンのうちの最初がこの年であったわけである。ただし、チームは成績が向上したとはいってもナショナル・リーグの七位であった。

一九五七年からの三年間は持病の背中の痛みもあり、また相手投手に打法を研究されたこともあって、ロベルトはいささか低迷した。それでも打率は二割五分三厘、二割八分九厘、二割九分六厘と次第に盛り返してはいる。チーム成績はというと、最下位を二回続けたあと四位に浮上している。

そして一九六〇年、「パイレーツ」は前年度優勝の「ドジャーズ」を下し、並走する「ブレーブズ」「カージナルズ」を蹴落して見事優勝する。ロベルトの成績は、打率三割一分四厘、十六ホーマー、打点九四。

この年の「パイレーツ」が見せた、アメリカン・リーグの覇者「ヤンキース」との七回戦に及ぶワールド・シリーズの激闘は有名だ。ミッキー・マントル、ロジャー・マリスというMM砲を擁するこの強敵に打ち勝って、ついに三十三年ぶりのシリーズ優勝までも勝ち取った。が、MVP賞の選考では最も大きく活躍したロベルト・クレメンテが落とされ、彼は苦い思いをかみしめる結果となった。

一九六一年、三割五分一厘を打って首位打者の栄冠を初めて彼は得た。安打数二〇一本。二塁打三〇本、三塁打一〇本、ホームラン二三本。打点八九。文句なしの打撃ぶりである。

翌六二年、故障もあって打率を三割一分二厘に下げるが、それでもナショナル・リーグ打撃十傑の四位であった。

　六三年、彼は打率三割二分を打っていよいよ大リーガーの地位を確実なものにしていくのだが、同時にその反作用としての苦しみをも本格的に受け始めることになる。黒人である上にカリブの小島出身ということでハンデは二重となっているのだった。"私たちはダブル・ニガーだった"という言葉は、その事情を端的に表したものである。その中にあって、六四年には二度目の首位打者になっているのは、殊に意味深いものがある。

　ロベルト自身、この辺で大リーガーとしての自分の地位にようやく確信が持てるようになり、将来への見通しもある程度はついたのであろう。六四年のシーズンが終るのを待って、彼はヴェラ・クリスチーナ・ザバラと結婚した。

5 海の見える家

ヴェラさんがどのような女性であるかを述べるには、その実際の印象を語るのがいいだろう。そして、プエルト・リコが今日どのようであるかも、できればここで語っておく方がいい。

私が初めてその島を訪れたのは一九八五年の四月のことだった。それまでも当のヴェラさんとは何度かの手紙のやりとりはあった。「クレメンテ賞」について知りたいことも多かったし、「スポーツ・シティ」の進展の具合にもつねに興味はあった。それに何より、ロベルト・クレメンテその人の人生に対する理解を深める必要があった。

彼女は本土のピッツバーグと、郷里サンファン近郊のリオ・ピエドラスとの両方に家を持っているから、その滞在の個所によって返答のすばやい時もあれば、ひどく遅れる時もあった。だが、いずれの場合も飾り気のない率直な人格はその文面にあふれ出ていた。

その四月、別の用件のためではあったがたまたまアメリカに行くことがあり、私はニューオルリーンズに行く機会を持った。ニューオルリーンズといえば、その南はすぐにもメキシコ湾である。カリブ海はその向うとはいっても、さしたる距離があるわけではない。かねて行きたいと思っていたプエルト・リコに渡ってみるには、それが何よりの好機と思われた。その別件というのが、予想外に早く済んでいたからである。

電話にて彼女に面会の許可を求めると、「どうぞ、どうぞ」と大らかなものである。

「私が何かのお役に立てるというのはうれしいことですよ」

という明るい声に元気を得て、私はすぐにも旅行代理店に飛び込んだわけである。

ニューオルリーンズからフロリダ半島の先マイアミまで空中を行けば二時間とはかからない。私が選んだ「イースタン航空」朝の便はそこで乗客を入れかえるための時間を少しとった。それからサンファンまでは、大西洋上二時間半の飛行あるのみなのである。

マイアミ空港での乗りかえは、ほどよい気分転換となるものだ。流れくるカリプソのリズムに乗って、大きな陽よけ帽子の女性たちが早くも踊るような調子で歩き回っているのが見える。

アメリカ人にとっての南の保養地といえば、このマイアミこそが長く一般に愛好されてきたところであった。特に東部リッチマンたちのリゾート地として、ここは絶大の地位を誇ってきたところであった。ところが、このマイアミにも飽きバハマ諸島にも飽きた人たちは、さらにその南のプエルト・リコに新たな価値を見い出してきた。もちろん、この島の軍事的意味の大きいことはいうまでもないが、一般には観光地としてのマイアミの延長をそこに見ているのではないか。

客の入れかえのあと、マイアミからさらに東南に一、七〇〇キロの海上にあるその小島に向って再び飛び立ったイースタン機の中では、一目で土着の人と知れる褐色の一団を除いては、座席の多くは白い観光客で占められていた。

サンファンの空気は――それはさすがに本場ものだ――本土南部のものよりさらに重い。この場にあっては、もはや扇子やハンカチなど何の用をなすものでもない。マイアミにおいて、いち早くカリブ・ファッションへと着がえていた者はいいが、それに後れをとった者たちは、ここにきてみずからの予断の甘さを痛感することになる。それともう一つ、空港を出ようとするところで、誰もが否応なしに驚かされるものがある。ガラス張りになっているその空港ビルの、ことに出口近いところに張りついて見える幾重もの現地の子供たちの顔、顔、顔。そして、そこから発射されている鋭い視線……。陽気なカリプソのリズムから、底抜けに明るく軽快な人の表情を予期して来た者は、あるショックをもってそれらを見るだろう。ロベルトが、よくよく島の子供たちのことを口にしていたわけが、途端に分る気がしたものであった。

彼らは決してある特定の人を出迎えるためにそこに立ち尽しているのではなかった。そこにいて出入りする人の動きに目をやる以上に楽しくエキサイティングなことが他に見い出せないでいるからと見えた。

人混みの中を外に出るまでも大変だったが、ホテルを見つけるのも大変だった。いや、この表現は正確ではないだろう。ホテルは、あることはある。ありすぎるくらいなのだ。ただ、適当なホテルとなると意外なくらい少ない。この場合の「適当な」というのは、「こちらの財政事情によくマッチする」という、極めて狭い意味にすぎないから、それが一般に言い得ることかどうかは定かではない。しかし、間違いなく言えることは、この地におけるホテル代は、本土の観光地に比しても数段高いこと。タバコや砂糖に代って、観光を今や主産業とする土地にしてみればそれは当然とはいえ、二〇〇ドルも三〇〇ドルもを一日の宿泊に費すことができるほどリッチではない者にとっては、ここにおいて分相応の寝グラを手際よく確保することは、最初に出会うにはあまりにも大きな難事である。

交通の便がよくて、安くて安全で、そして海が見えるところ——という、どだい初めから無理な相談を、それでもわがタクシー・ドライバーはよく聞きとどけてくれたことになるのだろうか。町の中心部の、それも本当に海の見える安いホテルには、英語でいえば〈Beautiful Sea〉となるべきスペイン語名がつけられていた。部屋数は僅かに七。一階ロビーの横の薄暗い一室は、夜にはバーとなるらしく壁には黒いボトルが並び、古いジュークボックスが出番を待っていた。

フロントにあたるところが小さいながらも管理人室で、その天井からは場違いに思えるほど大きな扇風機がぶら下っていて、ノラリクラリと重い回転を見せている。その下で管理人が一人、じっと目を光らせていた。そう、それはいかにも「目を光らせる」という表現そのままの情景で、別に人なつっこい微笑を期待していたわけでもない私をさえ、ドキリとさせた。のちに知るのだが、このホテルのフロント係は三人。八時間で交代することになっているらしかった。その三人の誰もが年代層において他と同じではなかったが、この目つきの鋭さだけは、見事なまでに彼らに共通しているのだった。

入口のあたりに人影のうつる時、彼らの目はさらに鋭くなる。玄関ドアの開閉は彼らの仕事の最も重要なことの一つであった。出入りのある時以外はつねにドアは閉じられているのだ。

彼らがそうして四六時中そこで目を光らせているということは、そのホテルがそれだけ大きな安全を保証するものであるとも言えたし、同時にまた、そうしなければならないほど、そこは危険なところなのだと言っているようにも思えた。

ところで、その目つきの有様がそのホテルの従業員たちのみに限られているものならば、まだしも私の驚きは小さかったろう。一歩外に出てたちまちに知るのだが、土産物屋の主人の目も、食堂の給仕人たちのそれも、基調において右に同じであって、その底には何か鋭く激しいものがある。

思ってみれば、その目つきにこそ、彼らの島の歴史が込められているのかもしれなかった。もとはと言えば、二万人ばかりの土着のインディアンのみで成り立っていたところへ乗り込んできたのが、かのクリストファー・コロンブスだった。「スペイン帝国によって生み落され、アメリカに育てられた私生児」（ニコラス・ウォラストン「赤いルンバ」）という呼び方がここに対して与えられるが、それもまさにその通り。五百年を大国の都合のままに過しては、純朴であったであろう褐色のタイノス（この島民の古称）の子たちの目つきも、多少は悪くなろうというものか。

つまり私は、この町に着いての最初の数時間のうちに、いやが応でもここでの滞在に、先行きの不安を感じさせられていたのだった。それだけに、クレメンテ家への訪問が極めてスムーズに、そして快適にできた時は、それに大いに満足するというよりは、むしろ意外の感にさえ打たれたものであった。

ヴェラ・クレメンテと子供たちの住む家は、その名の通りのクレメンテ通りにあった。サンファンの中心街から少し離れたリオ・ピエドラスの丘の上の住宅地。それまでの十八番通りが、彼の死後そのように改名されたのだ。

「クレメンテ通りのクレメンテさんのお宅へ――」

こう伝えただけで、タクシー運転手の顔つきが変った。

「ああ、ロベルト……」

彼はそう言って、何とも言いようのない柔和な笑いを作った。それまでは、彼もまた他の多くの人々と同じように、冷酷さと猜疑のこもった憂うつな目をしていたというのに。クレメンテの名は、ここでは何人に対しても免罪符の役を果たすものとなっているのであろうか。

走り出すと、彼の接客ぶりはますます親切味を増した。そして、さらに饒舌にも。しかし、こちらとの話となると、随分とトンチンカンなものになるのは避けられないのだった。何しろその英語というのが何ともひどいしろものなのだ。そう言えば、こちらのものだって相当にひどいものだが、さまでにひどいクセはあるだろうか。

四百年のスペインが、またもやそこにあるのだった。その古い帝国は、今もなおこの島のタクシー・ドライバーの舌の上で生きのび、国威を誇っているのだ。その浸透力がどの程度のものなのかは、そこにある「イングリッシュ」というのが、スペイン語訛りの英語というより、英語訛りのスペイン語というべきものであったことを見れば分るだろう。

それほどのクセが、運転そのものの方にないのは幸せというべきだった。東西の島国の二人のトンチンカンな会話を乗せながら、それでも車は正しく通りを抜け、坂をのぼり、そして前庭のある白い家々を縫って、やがて「クレメンテ通り」の標識のある静かなストリートにやって来たのは見事だった。

天は高く、陽は輝かに、そして万物がその色調を誇示していた。ハウスナンバー三十六番のその家は、その坂道の先端、海に向う斜面にあった。車がスピードをゆるめ、その前に達するのと、そこに人影が現れるのとが同時だった。車の到着時間にあわせて、ヴェラさんが出迎えに来てくれているところなのであった。

ヴェラさんは、根っからに優しい人のようであった。通りに面したところにある黒い鉄柵を開き、そこから建物までの草花にふちどられた通路を歩きながらも、彼女はその僅かの時間の間にこちらの足労をねぎらい、出迎えの遅延を詫び、そして歓迎の言葉を加えてくれるのである。

ハスキーな声が印象的だった。そして、

「私があまりに太っているので驚かれたでしょう」

と言って、彼女はさも愉快そうに笑った。それがまた屈託のない大きな笑いで、見ていてこちらまでがつい引き込まれて笑ってしまいそうになる。

実は、この島に着いてからこの訪問時までの時間の大半を、私はクレメンテ一家に関する情報の収集に注いでいた。ジョン・ガンサーの言ったことの中にある「人にインタビューしようとする時、その人の名前はもちろん、仕事、肩書きなど、絶対に本人に聞いてはいけない」という指示にあくまでも固執していたのだ。

本人に直接聞いていけないのは、それらのことばかりではないとも思われた。すでに公開されている情報はせめて一通りは頭に収めておくのが礼儀だろう。そう思って、図書館や新聞社をめぐって、過去にさかのぼる資料をあさったのだった。結局のところ、こちらが期待するほど多くは目にしなかったのだが、その意外に少ない資料の中にも当時のクレメンテ一家の写真がいくつかあった。その中に見るヴェラさんは、たしかに若く、そして今よりは随分とスマートだった。

しかし、私が彼女に会って本当に驚いていたのは、その体型上の変化なのではなくて、彼女の持つ、気安さに満ちた大らかな人柄であった。それはとうに予想されたはずとはいっても、実態はその予想を超えるものがあった。

彼女の気宇が壮大なら、居間兼応接間から見る眺めもまた雄大だった。何しろ、その部屋は中空に向って開かれているも同じなのだ。その部屋のあちこちに、絶妙の配置をもって置かれているクレメンテ選手の遺品に気づいたのは、むしろしばらく後のことだったかもしれない。

ベランダからの眺めについて、ヴェラさんは詳しく説明してくれた。手前の小森、樹々の名。その向うに広がる街衢のあちこち、遠くにかすむホテルの林、そしてすべてを取り囲む鮮烈な青。

「サンファンの海……そう、あちらが大西洋」

それはロベルトを飲んだ海のはずである。

〈機が落ちたとされるのは、あの海のどの辺りなのか〉と聞こうとして、私はそれをやめた。訪問してきて、いきなりその話はやはりはばかられる。ただ、毎日毎日その海と向い合って暮しているヴェラさんの心の中はどうなのだろうと私は考えていた。

「この家は、長男が生れた頃に手に入れたものなのですよ。もう二十年にもなるでしょう」

ベランダから居間の中のソファに向いながら彼女は言った。

「ロベルトが生きていた時と、この部屋の中はほとんど変っていません。できるだけそのままにしておこうというのが私の考えなのです。だって、ロベルトはこの家を出ていったきり、まだ帰ってきていないのですから」

そうだ、ロベルトの死体はついに発見されなかったと読んだ。いまだにその骨の一つもここには帰ってきていないのだ。

「私と結婚した時、ロベルトはもう三十歳を超えていました。そして、すでに一流の大リーガーの仲間に入っていました。二十歳で『パイレーツ』のユニフォームを着ているのですから、大リーグ生活も、もう十年以上にもなっていたわけです。

ただし、彼がどんなプレーヤーであるのかを私が知ったのは結婚してからあとのことで、正直言って、私は彼のことをそれまでよくは知りませんでした。私は野球についてはあまり興味のある方ではなかった……」

壁にかかった大きなロベルトの写真に目をやりながら彼女は続けた。部屋の中央のソファに坐ってみて、今はなきこの家の主人公の偉大さがはじめて実感されてくる。胸像、トロフィー、盾、カップの数々。その幾多の栄光の瞬間の向うに、それに倍する苦難と屈辱の日々のあったことは、こちらも古い記録で読んでいる。

それが、野球という闘争を旨とする世界の中においてばかりでなく、私的にも数限りなくあったのだから、夫妻の苦労は並大抵ではなかったろう。本土に住居を構えることだけでも、プエルトリカンの彼らには大変だった。だが、ヴェラさんが今語る話に、暗い話はあまりない。

「私たちが結婚したのは一九六四年の冬。そう、彼が二度目の首位打者になった年でした。アメリカでの公式戦が終り、ウインター・リーグが始まるまでの間に式を挙げました。

それまでは将来に対する多少の不安はあって、とても結婚なんて……というところでした。

彼と知り合うキッカケとなったのが、私たちの担任の先生でした。私が先生のところへ遊びに行っていたとき、ちょうど彼がやってきたのです。年代はちがいますが、彼もまた同じ先生の担任だったわけです」

話によれば、この先生は必ずしもこの二人を結婚させようとはしなかったらしい。ヴェラさんはプエルト・リコ大学に三年通った経験があり、当時「ガバメント・ディベロプメント銀行」に勤めていた。彼女には二人の姉がいたが、一人はやはり大学を出て秘書に、もう一人は教師になっていた。弟は合衆国陸軍に入り、将校への道を歩んでいた。堅い堅い家柄なのである。元担任の先生にしてみれば、ヴェラさんにはプロ野球選手夫人より、もっと地味な道を歩むことを望んでいたのではあるまいか。

明るく優しい性格の上に、ヴェラさんは大変に控え目な人である。人目に立つことの多いプロ選手の妻の座に彼女が坐ることに多少の心配が旧師にあっておかしくないが、ロベルト自身が愛したのは、彼女のその控え目なところだったのかもしれない。

「ロベルトは男の子の誕生をひたすら望んでいましてね。ですから私たちに三人の男の子ができた頃は、もう有頂天になって喜んでいました。長男のロベルト・クレメンテ・ジュニア、そして次男のルイス、最後がエンリケ。

この三人で、将来の『パイレーツ』の外野手はもう決った——と言いまして、大得意でした。その時、ひょっとしたら自分はそのチームの監督をしているかもしれない。彼にはそんな考えがあったかもしれません。

子供はできる、野球の成績はあがる。本当に申し分のない時代でした。彼にはそれ相当の苦労があったはずですがね」

それまで読んできたところでは、ヴェラ夫人にも本土の人間でないがゆえのあらぬ苦労のあったことが述べられていた。しかし、今となってはそのことより、いい想い出のみが残っているということであろうか。彼女はまたこうも言う。

「私は今でもよく人に聞かれるのですよ。どの時が一番うれしかったかって……。結婚した時だったか、子供の生れた時だったか、あるいは彼がＭＶＰをとった時だったか、ワールド・シリーズに『パイレーツ』が優勝した時だったかと。その度に私は本当に困ってしまう。私たちにはあまりにも多くの栄光の時があった。どの時も最高にうれしく、最高に感動したものです。もちろん彼も人生を最高に生きたけれども、私もそうだった。難を言えば、彼にもう少し長く生きていてほしかったけれども……」

もともと彼女は泣き言を言ったり世を恨んだりという性質には生れついていないようだ。事故のあとの苦労のことについて、いささかなりとも語ってくれたのは、こちらの質問があってからのことなのであった。

「一番つらかったのは、やはり子供たちのことでした。上の二人は、父の身にふりかかったことについて、いくらかは理解できる年齢でしたが、下のエンリケはまだ四歳。彼には理解せよという方が無理だった。父はどこかで野球の試合に出ているのだと彼は思い込んでいる。いつまでも帰りを楽しみ待っているのです。それを見るのは本当につらいことでした。

テレビを見ていると、不意にロベルトの顔が画面に出てきたりする。私たちは驚いたものです。いろんなところで彼のことが取りあげられたからです。そんな時も、エンリケは父の顔に大喜びする。上の二人はそっと立って、どこかへ姿を消すのですが、エンリケは父を見たという満足感からか、いつまでもニコニコしている……。

いつでしたか、子供たちがロベルトの遺品の中から彼のレコードや、テープを見つけ、それをかけて喜んでいたことがありました。ゲーム中の録音のもありましたし、インタビューに答える彼の声もありました。

子供たちには悪かったのですが、私はそれを聞くのが耐えられなくて、それらをすべて隠してしまった。でも駄目でした。彼らはすぐにそれらを見つけ出して、またかけるのです。それを聞くのも、その子供たちの姿を見るのも、大層つらいことでした。

しかし、子供たちが父を慕うのは当然のことで、とめられるはずのものではありません。一番上の子なんかは、時に主人のユニフォームや靴を身につけて遊んでいました。彼は自分も野球の選手になるのだと決めていましたから、よけいそうしたのかもしれません。ブカブカのアンダーシャツを着てバットを振っていたものです。

今、彼は『パドレス』のファームにいます。『パイレーツ』のファームに入れてもらえそうでもあったのですけれど、彼自身が『パドレス』の方をとったのです。

真ん中のルイスは、あなたもご存知の通り、今年から『パイレーツ』のルーキーです。彼らが皆さんの期待通り大リーガーになれるのかどうかは、私にも分らない。主人ほどの成績はあげられなくとも、まあ人前に出せる程度のプレーヤーになってくれると嬉しいのですが……。体格や素質からいうと、下のエンリケが最も野球選手に向いているでしょう。彼は今日は留守であなたにお目にかけられないのが残念ですが、会えば驚かれるでしょう。何しろ、十五歳でこの私よりはるかに大きいのですから……」

ヴェラさんは、そこでとても楽しそうに笑った。

彼女を最も困らせた彼のこれらの形見に、彼女は今最も大きく救われているのだった。

居間での語らいのあと、彼女はトロフィー・ルームへと案内してくれた。彼の栄光のあとを物語る遺品は、一階の応接間ではとても収まり切れるものではなかった。

そのトロフィー・ルームは階下にあった。道路のレベルからすればそれは地下室というべき位置にあるのだが、実際は斜面の空間にあるもので相当に広く、玄関脇の道路よりやや下ったところにある駐車場に隣接していた。

MVP賞と共に贈られたという金色のリンカーン・コンチネンタルの隣にもう一台、白と赤のツートン・カラーのダッジが並べられているところを通る時、彼女は少し立止ってこう説明した。

「これらの車も、彼が運転してここに止めた時のままにしてあるのですよ。その後は誰も乗ってはいないのです。でも、『スポーツ・シティ』に記念館が完成すれば、このうちのどれかが移されてゆくことになるでしょう」


トロフィー・ルームの中では彼の打球と捕球の音がこだましているようであった。二室にわたって並べられているトロフィー、カップの山。十二のゴールド・グラブ、記念のバット、盾、写真、ペナント……。その中でも私の目を特に引いたのは、いつのものであろうか、壁にはられていた「スポーツ・シティ」計画の原画であるスケッチ絵であった。

6　独自のスタイルを守る

ロベルトの野球人生に話を戻そう。

結婚による精神の安定もあってか、ますます彼の打棒には磨きがかかっていった。一九六五年には打率三割二分九厘で三度目の首位打者となり、続く六六年には、ついにナショナル・リーグのＭＶＰ賞を獲得するところにまでなった。

この年、シーズン入りを前にして、彼は監督から二五本のホームランと、一一五個の打点を希望されていた。ところが現実にあげた成績が二九ホーマー、一一九打点。優勝から遠く離れたリーグ三位のチームからのＭＶＰは、いかに彼の活躍が鮮やかだったかの証明になるだろう。この時、最後までその賞を競ったのが「ドジャーズ」のサンディ・コーファックス投手。二七勝の記録も立派なら、奪三振三一七個も彼に大いなるハクをつけていた。投票はコーファックスの二〇八票に対して、クレメンテ二一八票。僅差ながら、最も強く望んでいたものがようやく彼のものとなって、彼も溜飲を下げた。

この時の彼の言葉をみるとこうだ。プエルト・リコのことをあまりに口にすることの危険をすでによく知っていたロベルトであったが、郷里の記者のインタビューには大いに気を許すところがあったものらしい。


「私たちが子供であった頃、野球といえば、すべてが本土のもの。その第一人者として取りあげられるのが、きまってかのベーブ・ルースだった。れっきとしたアメリカ人であるベーブにしてできた大記録だというのだ。

私たちにとって必要だったのは、私たちにも同様のことを言わせてくれるプエルト・リコのプレーヤーだった。子供たちが見習いたいと願うお手本としての選手だった。

このMVPを得て、私が本当に嬉しく思うのは、このことだ。私にこれだけのことができたのは、私がやろうとしたからだ。やろうとしないでは何事もできはしなかった。島の人たちもこの私の姿を見て、やろうとすれば自分たちも何かやれるという気持になってくれるだろう。子供たちには特にお手本が必要だ。"子供たちと共に働きたい"と私がいつもいっているのは、こういう意味からだった。野球を通じて、私が彼らに影響を与えられれば最高の喜びだ」(「サンファン・スター」紙)

最高殊勲選手賞を得た興奮の中で語られた言葉の中にも故郷の子供たちへの思いがある。あの「スポーツ・シティ」への根本構想は、すでにこの頃にはもうあったと言えるだろうか。

このあと、六七年には三割五分七厘で四度目の首位打者となり、打点も三〇点。六八年は故障もあって打率は九年ぶりにごく僅か三割を割るが、それからあと七二年に不意の最期を迎えるまで、三割をはるかに超える打撃を示し続け、同時に守備においても抜群の力量を示し続けるのである。

ところで、かく言う私自身、彼ロベルト・クレメンテのプレーぶりを見たことがあるのかというと、申しわけないことに実はただの一度もないのである。見ようと思えば見る機会はあったのにと、今にして残念に思うが、もはや致し方はない。彼がいかに打ち、いかに守ったか——それは彼についての最も大きな興味の一つだが、それを知ろうとするには、残された数少ないビデオ・フィルムによるしかないものと思われた。幸い、その一つを手にすることができたが、実際のプレーの部分はというと極めて短く、とても鑑賞に耐えるというほどのものではない。

そのような事情の中にあって、彼のプレーは何度か見ているという人から直接話を聞く機会を得たことは、私にとって大いなる幸運と言ってよかった。その人とは、大リーグのことにかけては日本一の知識量を持つ、ご存知パ・リーグ元広報部長の伊東一雄氏である。

いくつもあるという印象的な場面から、特に鮮明なところというと、氏は保存されているボックス・スコアの中から一九六八年八月二十一日のところを開き、例のはっきりした口調で、まるできのうのゲームを語るようにその印象を述べてくれた。

「あれはシンシナティの『クロスリー・フィールド』という今はなき古い野球場でのゲームでしたがね。相手はもちろん『レッズ』。それまでの二日間、肩が痛いといって彼は試合を休んでいた。彼は背中に持病がありましたからね。何かの拍子にそれが肩にまで影響を与える。この時もそうで、〈この分じゃ、いいところも見せられないが……〉などと言いながらも彼は出てきた。ところが、いざゲームが始まってみると、彼はその一回の表の攻撃に、センター・オーバーのホームランをかっ飛ばした。それも右肩をかばって左手一本でしたからね。それで打球は四〇〇フィートのフェンスを越えた……。これには驚きました。

そして、三回の攻撃でこんどはライトへまたもやホームラン。三八〇フィートは飛んでいたでしょう。

この球場は変った球場でしてね、レフトからセンターにかけて選手の定位置からうしろが登り坂になってフェンスに届いていた。そのすぐ向うのオハイオ川が氾濫した時、そこに土砂が盛り上げられたのだが、十分に取り除かれぬままそうなった。なあに、グラウンドの一部に傾斜がついていたところで、それは両軍に公平な条件なのだからかまやしないというわけで、そのままに使われていた。アメリカ人の考えることって面白いですね。レフトには観覧席はなく、ただの一枚板のフェンスがあるのみ。外野ではライトにだけスタンドがあった。その中へロベルトの二発目は飛び込んだというわけ。

それと、実はもう一つ印象的なプレーがクレメンテに出ましてね。それは『レッズ』の五番を打っていたフレディ・ホイットフィールド選手が右翼へ長打を放った時のこと。三六六フィートあるそのフェンスぎわでクレメンテは球を捕りおさえた。そして振り向きざま球を投げたんですがね。それがいつもとは違った。いつもですとね、『ライフル・アーム』と異名のついていた彼のことですからノーバウンドの鉄砲玉を三塁に送るところでしょう。ところが肩が悪い。彼は球をグラウンドに乗せるようにして送った。投げ方としては、彼の目の前、ものの一〇フィートってところに球を投げたように私には見えた。それが驚くなかれ、球はタッタッタッタッと走ってきて、三塁手のグラブにピタリ。まるでノックしたボールのように速く正確な送球には、実際ア然としましたよ。

決して大柄ではなかったけれど、クレメンテはオールラウンドな力を持った本当にいい選手でしたね——」

記録を見ると、たしかにその通り。打ったホイットフィールドは三塁が取れずに二塁で止っている。

なお、伊東氏に関連してつけ加えるなら、氏からお借りしたその年度の『パイレーツ』のメディア・ガイドも今となっては貴重だ。クレメンテについての長々とした説明のあとこう記されている。

「……クレメンテは『パイレーツ』の歴史の中で最高級のプレーヤーとなった。これまでの最も輝しい試合の一つは一九六七年五月十五日に行われた時のものだ。この日クレメンテは『シンシナティ』を相手の一試合に、本塁打を三本、二塁打を一本放ち、チームの全得点である七点を叩き出した（ただし、チームは八対七で敗北）。また、この試合において彼は相手チームの大飛球を跳び上ってキャッチ、ホームランになるのを防いだ。

彼は四三六フィートの表示のあるフォーブズ・フィールドの右中間フェンスを越すホームランを打った二人の男のうちの一人として記憶される。あと一人はチームメイトのスタージェル選手である。

希望は、いつの日か『パイレーツ』の監督となること。サンファンの近くにレストラン・バーを所有している。趣味は音楽と読書」

さて、これだけ傑出した成績を残したこの名選手の打撃フォームが、人並みはずれた奇妙なものだったことは人生の皮肉を数える上でも興味のあるところだ。いいフォームでありながらヒットを打てないより、どんなフォームにしろ快打を多く放てる方がいいのは言うまでもないが、彼にはきまったフォームがなかっただけでなく、ストライク・ゾーンまでもがなかったらしい。

「私の持つロベルトの印象はというと、彼にはストライク・ゾーンがなかったということ。いかなるボールであれ、バットの届くところのものなら彼は積極的に打って出た。彼のことをボール打ちの名人と評する人がいたけれど、もともと彼にはストライクとボールとの種類分けなどなかったのだ。球の芯にバットの芯をたたきつける——この単純なことを最も忠実にやれる男の一人が彼だったということになるのではないか。もちろん、それを可能にするだけの集中力、足腰のバネ、手首の強さに彼は恵まれていた」

これは、現在テレビの多元放送で英語による野球解説しているウエイン・グラシック氏のクレメンテ評である。

直接彼と対戦した経験から、具体的にその打撃フォームを語っているのにサンディ・コーファックス（ドジャーズ）の言がある。彼ものちに野球殿堂入りを果たす名投手であるが、大リーグへのデビューの年がロベルトと同じであった。

「私の知る限り、クレメンテこそは最も奇妙な打ち方をする男だった。

ある予想をたてて彼に立ち向うと、きまって彼は思わぬやり方で切り返してきた。彼は力強い男で、その上、手さばきも速かった。彼の打ち方を見てごらん。ある時は前足のみで立って打つ。またある時は後足一本だ。時には両足を地表から離して打つんだからね。誰だってそのフォームを見ればこう思ってしまう……『こいつは打てない』。ところが打つんだな。私が右打者から浴びた右への最長打は、ロベルトによるものだった。忘れもしない、一九六一年、ロサンゼルス・コロシアムでの試合だった。外角への速球……それを彼は場外へ運んでしまった。単なるオーバー・フェンスじゃない。正真正銘、野球場の外へ打球を飛ばしたのだった。走者が塁にいる時に彼を打席に迎えたくなかったのは、彼にはどんな球を投げても打ってきそうだったからだ。ピッチド・アウトした球でもホームランにされそうだった」（ワゲンハイム「クレメンテ」）

ハンク・アーロンの感想の中にも同様の言葉がある。

「クレメンテには弱点がない。彼は見かけよりずっと力強い男だ。彼の打法は少し普通とは違う。構えた時少し前かがみになり、バットを一振するとお尻が浮くようになる。だから、どうしても球に飛びついているように見えてしまう。だけど彼はいつもバットの最も太い部分でボールをとらえているのだ。

私は野球選手として彼を尊敬しているし、友人でもある。その打ち方をとやかくいうつもりは私にはない。何度も首位打者賞をとった彼のことだ。立派というほかはない」

たしかにそう言えばそうで、四度もリーディング・ヒッターになった男の打法が変則というなら、その「則」の方がおかしいことになる。いずれにせよ、クレメンテ式ヒット製造法には納得のゆかない人があとを絶たず、あらゆる機会にそれは話題となるのだが、それがいつに始まったものであったかというと、なんと最初からそうだったというからなお面白い。

何しろ、一九五三年の冬、「ドジャーズ」の入団テストがサンファンで行われた時のこと、集まった七十人もの若者たちの中でスカウトのアル・キャンパニスが目をつけたのはロベルト一人だったとされる。その時の話にすでにこうあるのだ。

「私は信じられなかったね。(ロベルトは)六〇ヤードを六秒四で走る。外野から矢のような球を投げる……。彼は誰が見てもナンバー・ワンだった。バッティングをやらせても、達者なものだった。ライン・ドライヴをどの方向にも打てるのだ。ただ打ち方は独特だった。

バッター・ボックスでの彼の立ち方を見ると、どうにも外角の球が打てそうには思えない。それで私はピッチャーに命じて外角の球を投げさせたのだが、その小僧はまるで飛びつくような姿勢になりながらも打球をシャープに右にはじき返すのだ。これには目を見張った」(「カレント・バイオグラフィー」一九七二年二月号)

7　スパニッシュ・アメリカン

ロベルト・クレメンテはその独得のバッティング・フォームをもって幾多の快記録を打ち立て続けた（そのデータは巻末資料【注1】にあるからご覧いただければ幸いである。）ところで、それらが決して少なからぬ差別の障害を越えてなされたものであることは、今一度確認しておく必要があるだろう。

もともと、アメリカには御承知の通りの黒人に対する人種差別があった。特に競争の舞台のはっきりしているスポーツの世界で、このことは顕著だった。

これを明確に示す例に、野球におけるデッド・ボールの回数をあげる人がいる。ラリー・ドビーと言えば思い出す方もおられるだろうが黒人の元大リーガー、のちには日本へ渡ってきて、「中日ドラゴンズ」でプレーしたこともある。彼はジャッキー・ロビンソンに次いで大リーグ入りした言わばパイオニアの一人なのだが、当時を振り返って彼はこう証言している。すなわち、大リーグに入ったばかりの黒人プレーヤーに対する死球の数は、テッド・ウィリアムスやスタン・ミュージアルといった白人大リーガーの優等生に比べて、七五パーセントも多かったというのである。その数値の根拠ははっきりしないが、言っていることの中味は十分に理解できる。ロベルトと共に長く「パイレーツ」のクリーン・アップを打つことになるウイリー・スタージェルの言葉にもそれはあった。

「私は一九六二年に『パイレーツ』に入ったが、私が一番ワクワクしたのは大リーグのキャンプに行くことなのではなくて、ロベルト・クレメンテに会ってハローと言えることだった。年が経つにつれて、私はますます彼を尊敬するようになった。彼は他の人たちとはちょっと違った輝きのある人だった。野球については全身全霊をそこに打ち込む。そして自分のしていることに大きな誇りを持っていた。ただし、彼は一般には正当な評価を受けることはなかったと思う。人種のカベというのは致し方のないものだった。〈トロフィーを獲得するのは黒、しかし金を得るのは白〉……私はいつもそんなに感じていたものだ。実際その差はひどかった。クレメンテが何かを言うと、いつもそれはひどい受取られ方をして曲解されるのだった」

黒人である上に、スペイン語しか話せないことが彼らの立場をさらに悪くしていた。
カリブの小島出身のこのウラ若きプレーヤーに対し、あからさまな侮辱の言葉が相手から、あるいは観客の一部から投げかけられても、本人がその語の意味が分らずに「サンキュー」を返していた間はまだよかった。が、それもそう長い間のことではなかった。活躍した試合のあとのインタビューにしても、その発音のおかしさがことさらに強調されて書かれる。あるいは真意は曲げられ、時には言いもしないことまでが書かれた。曲解されるくらいならいっそ何も言わない方がましと、インタビュアーに対し口を開かない日も続くようになってからは、受ける差別は度を深めていった。

誤解というものは、拡大再生産される性質を本来的に持つものだ。その誤解の連鎖の中で彼は苦しみをより大きくしていくことになる。

背中が痛くてゲームを休もうとしても仮病扱いされることも何度かあった。その背中の痛みというのは生涯を通じて彼を悩ませるもので、彼の変則的なバッティングの原因をここに求める人もいた。だが、本人が不調を訴えても十分に理解は得られず、体調不十分とはいえ、出場すればひどいプレーを見せることはなかったから、ロベルトの口にする病はすべて仮病との説までが定着してしまった。このあと何度か起る監督との不協和音もここに源を発することも多かっただろう。

「ロベルト・クレメンテの力量の七五パーセントは、他の選手のそれの一五〇パーセントに優ることを、本人が知らなかったのだ」という説があるが、監督の頭にあった計算はそんなところだったのかもしれない。

「プレーヤーの持つ力量について不当に低い評価を与えるのは、普通、ファンや一部の記者なのであって、選手仲間やコーチ、監督などはちゃんと分っているものだ。クレメンテは、今の野球界でかなうもののないほどの野手であるし、打撃では、あのボブ・ギブソンに立ち向えるのはリーグでは彼のみとさえいえる。彼らが正当に評価されないのは、記者たちがこれらスペイン語圏からの選手にはあまり話しかけないからで、当然、読者は彼らについてあまり知らされない。それにまたファンは遠い土地からのプレーヤーには自分を重ねて見ることができず、ヒーロー扱いをしにくいということもあっただろう……」

モーリー・ウイルス（ドジャーズ）のこの言葉は、クレメンテたちのようなラテン系プレーヤーの本土での受け入れられ方のむずかしさを伝えるものだ。

たしかにその実例は枚挙にいとまがないくらいあって、選択に迷うほどだ。その一つ、一九六〇年から六九年までの十年間における最高の選手に贈られる「プレーヤー・オブ・ザ・デケイド賞」の選考のことを振り返るとしよう。

それはザ・スポーティング・ニューズ社が全国のファンに問うた結果によるものであったが、一位に選ばれたのがサンディー・コーファックス投手。そしてミッキー・マントルが二位だった。そのあとにウイリー・メイズとハンク・アーロンが続いていた。さてロベルトはというと、これがずっと遅れて九位である。

成績がいかに正当に評価されていないかは投手のところですでに明らかだった。第一位のコーファックスがその十年間あげた勝利は一三七(負け五八)。カリブ海はドミニカからやってきたホアン・マリシャル投手（ジャイアンツ）は同時期に一九一勝（負け八八）もしたが、上位には名も出ない。

同様に極端な差は打者のところにもあって二位のマントルと、九位のクレメンテの間のものがそれである。記録を挙げるなら、

●マントル……得点六八三、本塁打二五六、打点六六八、打率二割八分八厘
●クレメンテ……得点九一六、本塁打一七七、打点八六二、打率三割二分八厘

であった。つまり、ロベルトはホームランにおいてはミッキーに譲るところはあるものの、打点で一九四点もの差、打率で実に四分六厘の差をあけていた。それも、ここには見られないが、実際にはもっと大きな差があったかもしれない。なぜなら、打球に対して下されるアウト・セーフの判定、ヒットかエラーかの判断において、ロベルトはかなりのハンデを負っていたと言われるからである。

だが、これよりさらに極端な話が「パイレーツ」優勝の年、一九六〇年のＭＶＰの選考に関してである。

この年のロベルトは守備でももちろん大いに活躍したが、打撃についてはチームで最も大きな功績を残していた。先にも示した通り、打率三割一分四厘、十六ホーマー、得点八九、打点九四。

それでいてMVPはショートのディック・グロートに持ち去られた。ディックは打率では三割二分五厘とクレメンテを上回っていたけれど、打点はほぼ半分の五〇にすぎず、ワールド・シリーズでの活躍にも二人の間には大きな差があった。

MVP賞の選考にあたって、ロベルトが二位であったというなら、まだ話は分っただろう。ところがそれは二位でもなければ三位でもなく、なんと八位であったというのである。

しかし、ここで救いを求めるなら、モーリー・ウイルスの言葉にもあった通り、時が経つうちに、世の評価は当を得ていくもので、いつしかロベルトは球史を飾る名手にされていることである。

その証拠を示すなら、一九八六年三月に出された「ザ・スポーティング・ニューズ」百周年記念号に見るオール・スター・チームの選定がある。スポーツの情報に関しては最も権威あるものとされるこの社が選定した「一九六一年から八五年までのオール・スター・チーム」（ナ・リーグ）の右翼手というのが、ほかでもないクレメンテであることだ。ちなみに、投手として挙げられているのが左右各一人の計二人。右投手はボブ・ギブソン、左はサンディー・コーファックスである。外野手は左からハンク・アーロン、ウイリー・メイズ、ロベルト・クレメンテ。なるほどいずれもがもっともだが、考えてみればこれは大変なことではないか。その二十五年の間にナショナル・リーグの外野に姿を見せたプレーヤーの数が一体どれほどにのぼるのか。その三人のうちにロベルトはちゃんと定位置をとっているのだ。

8　クレメンテ・ナイト

一九七〇年代に入り、年齢的にいって三十代の後半にさしかかっても、ロベルトの活躍は変らなかった。神は彼にあと三年の時間をしか与えていなかったのだが、その三年を、ロベルトはさらに鮮やかな光芒を放ちながら、見事なまでに使い切っている。

その間の彼の足どりの中で特に重要と思われるものはというと、

● 一九七〇年の「クレメンテ・ナイト」
● 一九七一年のワールド・シリーズＭＶＰ賞獲得
● 一九七二年の三、〇〇〇本安打達成

になるだろう。

「クレメンテ・ナイト」とは何であったか。それは球団がファンと共にロベルトの長年の活躍を祝うため八月のある試合を彼の名におけるイベントとしたものであった。それがどのような日であったかは、当日のことを最もよく知る人の一人、ラミロ・マルチネスの話を聞くがいいだろう。

ラミロはもともとはキューバ出身の男なのだが、プエルト・リコでほとんど知らない人のないほどの有名人である。それもクレメンテとの連想においてのことである。

彼は長くクレメンテのプレーぶりをラジオやテレビで放送してきたアナウンサーだった。そして彼の友人でもあった。ロベルトの記念品なら、奥さんのヴェラさんよりこのラミロの方がたくさん持っているのではないかといわれるほどの長い友人である。ロベルトの死後、いち早く彼を追悼するレコードを作成したのもこの男であった。

今は広告代理店の社長として、サンファンに腰を落ち着け、マスメディアとの接触を一段と深く保っている。「カリブ・ビル」四階の彼の事務所に訪ねてみると、黒眼鏡にイキな口髭。風貌もスマートならば、その語り口もさすがに明晰である。しゃべり出すと止まらないといった調子は、やはりアナウンサーのものか。

「私の人生の中でも、あの〝クレメンテ・ナイト〟はハイライトだった。私がプエルト・リコのアナウンサーであることを、あの時ほど誇らしく思ったことはなかったのだから……。

『パイレーツ』があの年にその行事を組んだのは賢明だった。ロベルトが、その力量の頂点にあることを、球団の誰もが知っていたのでしょう。彼が十打席連続安打したのがあの年のことでしたからね。それに、あれはハンク・アーロンとウイリー・メイズの二人が三、〇〇〇本安打を記録した年で、球団としては意地でもファンの目をピッツバーグのヒーローに向けさせる必要があった。『スリー・リバーズ・スタジアム』に――そう、古い『フォーブズ・フィールド』からここへチームは本拠を移していたのだ――四万数千の人が集まった。

ロベルトはその行事にも、いかにも彼らしい対応のしかたを示したのだった。ほら、お祝いの日となると、球団をはじめ誰もがプレゼントを持ってくるでしょう。実際、さまざまな記念品がいろんなところから届けられる予定だった。ところが、彼はそれを知ると、皆に別のものにしてはもらえまいかと望んだ。別のものというのは、つまりお金。ピッツバーグにある小児科病院を、それによって助けたいという。皆は賛同し、すべてのお金はそこに寄附されたのだった。それでなくても、この日は初めから感動的だった。宇宙衛星を通じて、その模様は遠く故郷の島まで放映されるのですからね、私もそうだがロベルトもうれしさで一杯だった。

アメリカ国歌『スター・スパングルド・バナー』より先に、プエルト・リコの島の歌『ラ・ボリンクェーニャ』が鳴り響いた時、全身をかけめぐる戦慄に、私は身を震わせましたよ。大観衆のすべてが起立し、そして静かにそれに聞き入っているのを見た時、感動はさらに大きくなって私を襲った。

この日のために、島からは彼の両親も来てましてね。なんでも父のメルチョールさんにとっては初めての飛行機旅行だったらしいのですがね、球団がお二人を招待したのですよ。

ロベルトは末っ子のエンリケを抱いて記者団やカメラマンの相手をしてましたがね、あとに試合を控えているので彼もそう長々と付き合う気もなかったようだが、私は特に彼に頼んだのですよ。島のみんなのためにも一言、言葉を送ってほしいとね。すると彼は大きくうなずき、マイクに向ってくれた。流れ出た言葉はやはりスペイン語だった。

"何をおいてもまず、私は同胞の皆さんと共に、抱き合ってこの日を喜びたい。そして、その喜びを、プエルト・リコのすべてのお母さん方に捧げたい"

そこまで言ったところで、言葉にならない思いがドッと彼に押し寄せて来たのでしょう。そう、彼は完全に言葉を失っていましたね。私にも彼の気持はよく分った。だけど、こちらはアナウンサーでしょう。彼を促し、言葉の継ぎ穂をさし向けた。気をしずめるための時間がややあって、そののちに彼が語り継いだ言葉はこうだった。

"私の感謝はとても言葉で表せない。お願いしたいのは、今このテレビ放送を見て下さっている方々は、もしも近くにご両親がおられるなら、互いに抱き合って頂きたいということ。今これを見たり聞いたりして下さっている方々の近くにおられるのがお友達であるのなら、どうか握手を交して友情を確め合ってほしい。そうすれば、今この瞬間にプエルト・リコは大きな友情の輪で結ばれることになるでしょう。

私はこれまでの十六年間というもの、成功の一字を夢みてやってきた。そうやって必死でもがいているうちに、尊い友情のいくつかを私は失っているかもしれない。その許しを願い、その回復を乞いたいと思う。私たちの人種の者にとって、大リーグで成功を収めるために必要な努力は、決して少なくはない。しかし、成功すればそれはカリブ海沿岸諸国すべての誇りとなることに違いないと思って、私はがんばってきた……〟

彼の目から涙があふれ出るのを見ると、私もたまらなくなった。彼のことは、初めからよく知ってますからね。ついにここまで来たのか――という思い。それは多くの人々も共通した思いだったと思いますよ」

ラミロにとって、この話はすでにこれまでに何度もしたものであろうけれど、それでもやはり、それを語れば、その日の興奮が生々しく蘇ってくるのだろう。今もって、その目はうるんでくる。ロベルトの人生は私の人生であったとさえ、ラミロは言う。

ところで、この話の中にあるロベルトの申し出だが、同日の「ピッツバーグ・クーリア」紙もそれを支援していることが読める。書いたのはパット・リビングストン記者である。

『ニューヨーク・ヤンキーズ』がそのヒーローを讃えた時はもはや時期が遅すぎた。ヒーローたちの栄光のために、その名におけるゲームが開かれた時、ベーブ・ルースもルー・ゲーリッグも死期に近づいていた。ミッキー・マントルの時だって、当人はとっくに峠を越えてしまっていた。

クレメンテを今この町で讃えようとするのは、時機を得たものと私は考える。なぜならば、彼はいま選手生命の最も燃えさかる時にあると思うからだ。ところで、この機会にあって、彼はみずからをさらに社会に役立てようとしている。

ロベルトがこれまでに示した華々しい活躍の一つ一つに、もし私たちが仮に一〇セントを出すとするなら、もうそれだけで相当な金額になるだろう。一〇万ドル・プレーヤーとなった今の彼に、皆さんのお金は必要ではない。もとより彼はそれを受けとろうとはしていない。彼が望んでいるのは、病床にあって苦しんでいる子供たちのため、あるいは手足の不自由さに今も悩んでいる少年少女のために、協力してお金を出し合おうということだ。……

〈今なぜロベルトが――?〉という気持が皆さんにはあるかもしれない。しかし実を言って彼をよく知る者にとって、彼の今回の申し出は、別段、驚くに値するものでも何でもない。彼は以前からそういう種類の人間であったし、今回、別段変ったことをしようとしているのではないのだ。

皆さんからの協力は、彼が今までにやってきたことと、うまく調和し合うだろう。ロベルトの、ライフル銃のごとき強肩ぶりに拍手を送った人、その打棒がはじき出した鮮やかな白球の飛行に感嘆した人は、その感動の一つをでも何がしかのお金に表わして届けてほしい。そのことによって、仮に一人の子供に対してであっても、その障害を取り除くことができれば、それらを寄せてくれた方々のすべてが、神の使いとなって奇跡を行ったことになるのだ。

ロベルト・クレメンテに対し、彼の功労をねぎらうための今度の行事が、単に一選手の栄誉を讃える以上の意味をもってきたことをお分り頂けるだろうか」

そう言えば、これに少し先だって、事故によって足に障害を来した少年に対し、彼がそっと援助の手を差しのべていた話が新聞にある。人に言う前に、彼は個人としてもやることはやっていた。

さて、肝心のゲームの方は一体どうであったのだろうか。

伝えられるところを見ると、その日の主人公はあくまでもヒーローに徹し切っていることが知れる。すなわち、相手の「シカゴ・カブズ」に対し、ロベルトはヒット二本を見舞った上、スライディング・キャッチを一度。おまけに、大差の開いたゲームの回も押しつまってからというのに、ファウル・フライにも身を挺して飛び込んでいって、観衆からの大拍手を浴びている。登板したドック・エリス投手も任務をよく心得て相手をおさえ、十一対〇の一方的勝利で「パイレーツ」は見事、面目を保っている。

9　魔のシーズン・オフ

ところで、この年の「パイレーツ」は三割五分二厘を打ったクレメンテなどを中心にして、ナショナル・リーグ東地区で優勝はしたものの、プレー・オフで「レッズ」に敗れ、ワールド・シリーズへの出場は果せなかった。

その悔しさを晴らしたのが、翌七一年のことである。この年のクレメンテは三十七歳、それに僚友スタージェルは三十歳。二人の打棒は殊に顕著で、前者が三割四分一厘を打てば、後者はホームラン四八本を放った。二位と七ゲームの差をあけて東地区に優勝。西地区の「サンフランシスコ・ジャイアンツ」との間のプレー・オフにも勝って、リーグNO・1の座についた。

アメリカン・リーグの覇者は「ボルティモア・オリオールズ」だった。戦前の予想では圧倒的に「オリオールズ」の優勢であったのに、ゲームは七戦までもつれ込んだ。その最終戦、クレメンテはシリーズ二本目のホームランを放ち、結局二対一で彼らは勝ったのだった。

このシリーズをとくと観戦した人の中に、野球生活の長い野村克也氏がいる。彼は昔から大リーグに大きな関心を向けていたが、多く観たゲームの中でも、それは特に記憶に鮮明だとのことである。

「あのシリーズで目立っていたのは、スタージェルより、やはりクレメンテの方でしたね。たしかあの年は『オリオールズ』には二十勝投手が四人もいて、『パイレーツ』に勝ち目はないとされていた。投手力ははるかにオ軍の方が充実していたでしょう。それを打ちくずしていたのはクレメンテだった。今もはっきり憶えてますよ。

それに、凄い肩を見せた時もあった。第六戦でしたか、それも九回に、相手にとってはウイニング・ランをもたらす走者を、彼がライトの奥深いところから投げて刺しましてね、ファンを湧かしましたよ。

結局そのゲームは延長戦となって、最後には『パイレーツ』は負けましたけどね。迫力のある試合だった。それにしてもクレメンテの印象は強烈ですよ。顔はいい、スタイルはいい、そしてあの肩と打撃でしょう。惚れ惚れする選手だった」

このシリーズにクレメンテの打ったヒットは十二本。本塁打二本、三塁打一本、二塁打二本を含んで打率は四割一分四厘。シリーズMVPは文句なしに彼のものとなった。

なおついでに言えば、先の一九六〇年のワールド・シリーズを加えると、ロベルトは、彼の出場したワールド・シリーズの全試合（十四ゲーム）に安打するという記録を持つことになった。

話を三、〇〇〇本安打に移そう。

シーズン初めの時点で、その三、〇〇〇本までに必要な安打は二八本。彼の実力からして、その達成は容易なこととされた。ところが、それが予想外に困難なものとなったには理由がある。思わぬ故障が足首とカカトに起ったのだ。そのため四七ゲームを休んだところで、記録の達成は一時は絶望視されたという。しかし、あくまでそれを狙うロベルトは九月三十日、ジョン・マトラック投手からヒットを奪い、ついに合計三、〇〇〇本。それは彼がこの世で放った最後のヒットであった。

この最後のヒットが生まれるまでの三日間の模様が面白い。九月二十八日、フィラデルフィアでのゲームに二、九九九本目のヒットを放つと、ゲームの帰趨の見えたところで監督はクレメンテを引っこめた。記念のヒットは、翌日からの地元ピッツバーグで……という腹だったといわれる。

九月二十九日。その日ピッツバーグはあいにくの雨。試合の挙行が危ぶまれたが、それでも二万四、〇〇〇人の観客が「スリー・リバーズ・スタジアム」につめかけた。相手は「ニューヨーク・メッツ」。投げるは速球で知られるトム・シーバーである。

最初の打席でのこと。トムの速球に対して、ロベルトは強振したが、それはバットの中心をはずれ、先端に近いところをかすめたらしい。打球は大きくバウンドして投手の頭を越え、二塁の方向に転がった。セカンドのサン・ボズウェルは四度目のバウンドでその球に追いついたが、グラブの先でそれをはじいてしまった。

「観客は、じれったそうにスコアボードを見た。だが何の表示もない。観客は当惑し、報道席には半ば怒りのまじった混乱した空気が流れた。公式記録員はすでに『二塁手ボズウェルのエラー』と決定したのだが、その伝達が電光掲示板の操作員に十分に伝わらなかったのである。突然、どうしたわけか、一瞬、『H』の文字が光り輝いた。観客は騒然となり、トイレット・ペーパーの吹き流しが外野に乱れ飛んだ。審判は記念ボールを一塁手エド・クランプールに投げた。クレメンテはそれをクランプールから受け取り、その背をポンとたたいて祝福した一塁のベースコーチ、ドン・レパードに渡した。その間、報道席では、だれかが電光掲示板の係員と連絡をとろうとして半狂乱になって電話を鳴らしていた。公式記録員は『一体、どうしたんだ』と、わめき散らしていた。

公式記録員の指示はようやく伝わり、『E』の文字がスコアボードに閃めいた。儀式がお流れになって観客は不平を鳴らしたが、やがて落ち着き、クレメンテの次の打席に歴史的なヒットを期待した。しかし、そうはならなかった。トム・シーバーが、見事に彼を処理したのである。

彼がバットの芯で打球をとらえたのは、九回の時だけであった。

最初の打席での打球に関して、彼は試合後、次のように語った。

『あれがヒットに判定されなくてよかった。私は文句のつけようのないヒットがほしいんだ』」

(ジョゼフ・ライクラー箸「大リーグ黄金の三十年」、週刊ベースボール編集部訳)


たしかに彼も言う通り、その打ちそこねのゆるい打球が大記録をもたらす安打とならなかったことは、彼にとってむしろ幸運だった。なぜなら、その翌日、彼の希望通りの「文句のつけようのないヒット」をもって記録達成を果たすことができたからである。

九月三十日の夜、四回に回ってきたこの日二度目の打席で、ジョン・マトラック投手から放ったロベルトの打球は、まっすぐに左中間に飛び、フェンスをワンバウンドで越える堂々たる二塁打となったのだった。二塁ベースに片足をつけたまま、ヘルメットを高く掲げて、観衆からの大拍手を受けた時の彼の胸に、いかなる思いが去来していたことか。

大リーグのゲームに出て二、四三二試合目。九、四五三打席目のその一打が、彼の最後のヒットになることに本人が気づいていなかったことはたしかだ。

このあと、ペナント・レースの最後を飾って行われた「シンシナティ・レッズ」とのプレー・オフも緊迫の連続だった。最初の四試合を互いに二勝二敗と分けたあと、最終試合のそれも最終回、ワイルド・ピッチによって「パイレーツ」は覇権から見放された。クレメンテにとって、それは彼がユニフォームを着た最後となるのだが、このシーズンに彼は打率三割一分二厘を残すと同時に、一九九の刺殺を行い、失策ゼロをも記録している。

ニカラグアで地震が起ったのは、このあとのシーズン・オフのことであった。その時の模様はすでに初めの部分において新聞記事などを中心にして述べた通りだが、それをどう読んでみたところで、なぜロベルトが救援に向ったのかまでは分らない。実際、彼はそうまでしてなぜにマナグアに向ったのか。クリスマス休みを家族と共に過ごすことをあえて捨て、どうして彼はみずから立ち上って行ったのか。

ヴェラさんの話によっても、それは十分には語られない。ただ、その日の模様ははっきりしている。

「その夜、彼の三、〇〇〇本安打を祝って下さるパーティがあって、私たちは会場である『サン・ジェロニモ・ヒルトン・ホテル』に出かけていました。そのロビーでの語らいの中で、ニカラグアでの地震のことが早くも話題となってました。そこで早速、彼を中心に救援のことが検討されたわけです。一万人もの人が死に、なお多くの人々が苦しみの中で助けを求めている。そのまま放っておくわけにいかないじゃないか――というのがロベルトたちの考えでした。救援活動は、すぐその翌日から始められたのでした。

私は夫が飛び立つところを見ていないのです。そんなことは、あの時が最初でした。いつもは機影が見えなくなるまで見送るのに、その日に限って、私は彼の離陸前にそこを立ち去りました。

アメリカからのお客様が来ることになっていて、到着口の方に急ぐ必要があった。ロベルトも、そのことを知っていて、早く行くようにと私をせかしたのです。そのようなことになったのは、彼の飛行機の出発が予定よりうんと遅れたからでした。

四時出発のはずが五時になってもまだ準備は完了していませんでした。飛行機のどこかにまだ整備のできていないところがあるとのことでした。あとになってみれば、それはエンジンの不良であったことが分るのですが、その時はもちろんそんなことは分りません。

あまりの遅れのために、ロベルトはイライラしていました。こうしている間にも、向うでは子供たちが死んでゆく……。ロベルトだけでなく、みんな早く出発しようと懸命でした。私たちがそこにいては、かえって邪魔だったかもしれない。

あとで書かれたことの中に、よくこの場のことがあって、彼が私に、『できるだけ早く帰ってくるから、ロースト・ビーフを用意しておいてくれよ』と言ったことになっています。だけど、こんなおかしいことはありません。彼はそんなこと一言も言いはしなかった。出発のことで彼の頭はいっぱい。どうして帰ってからの食べ物のことなど考えるでしょう。

その日の出発は危ぶまれ、翌日に延期かとも言われましたが、ようやく出られるという知らせが入った。彼らが乗り込んでからでも、機はなかなか飛び立たない。私は大変不安ではありましたが、悪い予想を押し払い、言われた通り、客を迎えるために到着口へと回ったのです。荷物を受けとるのに手間どり、そのあと母のところへ行ったりしたものですから、家に着いたのは、もう八時に近い頃でした。家の中で電話が鳴っているのが、ガレージにいて分りました。急いで部屋に入って受話器を取りあげましたが、それはすでに切れていました。

そのあとのことは、あなたにも御想像いただけるでしょう……」

ヴェラさんの語り口はあくまで平静で、落ち着いたものではあるが、それは今にしてなお懸命の努力の結果として作られたものであろう。

これを聞くなら、ついでに彼の母の言葉にも触れなければならない。プエルト・リコのライターであるカル・ワゲンハイム氏への話である。

「……七人いた私の子供も、これで残るは僅かに三人になってしまいました。最初の結婚で、私は三人の子供を授かりました。しかし、上の子ルイスは今から十八年前、医師の手にて手術される途中で亡くなり、次のマリアは子供を生み落して死んだ。五年後私は再婚し、オズワルド、ジュスティーノ、アンドレ、アンナを生み、最後にロベルトを生んだ。しかし、アンナは五歳で死に、今また私はロベルトを失った。

私は信心深い女です。すべてを神にゆだねているのです。神のなすことを人は変えることはできない――私はそれを知っています。しかし、ロベルトの死は何と深い悲しみでしょう。私は今どこにいようと、仕事をしていてる坐っていても、ただただ、つらい。そういってしまっては、すべてを神の意志にゆだねていることにならないでしょうか。そうではないと思います。『すべては神のみ心のままに』と、私はいつも言っているのですから。

しかし、私は神に願っています。ロベルトのしるしを何か下さいと。私たちは彼が飛行機に乗り込むところを見ませんでした。彼はただ私達の前から消えたのです。何一つ跡形も残さずに。

普通、親しい者が亡くなった場合、その人を土に埋めるでしょう。そうすると、私たちはそこへ花を添え、祈ることができる。ロベルトより先に三人の子を私は失ったが、彼らのなごりがどこにあるか私は知っています。しかしベメトは――私の末っ子で、あれほど皆に愛され、自分でもあんなに愛情に満ちていたロベルトは……。父が病気になったというといつでも飛んで来て、あちこち連れて回ってくれたロベルトは……。私は神を畏れますし、神の意志を尊重します。しかし、神様、私はロベルトがそこにいることを示してくれるものが何か欲しい。

私は時々こう思っています。海こそが彼のお墓なのではないか。海には土もあれば水もある。海は最も大きな墓標だ。そう思うと、少しは気は安らぐのだけれど、しかし、そうしてみたところで……。私は神に問い質すことなんてできない。神は天を造り、海を造り、大地を造った。私たち人間はちっぽけなものです。誰もが老齢まで生きられるとは限らないし、ベッドの上で死ねるとも限りません。

私が最後にロベルトを見たのは、彼が姿を消す九日も前のことでした。ニカラグアの人々に送る物を集めるのに日夜働き通しで、非常に忙しくしていました。ある日、テレビを見ていると、あの子が出てきました。やつれて疲れ切っているようでした。『なぜ彼を休ませてやってはくれないの？　なぜ他の誰かに行ってはもらえないの？』──私はそう思いました。

彼の姪の一人がその飛行機の落ちる夢を見たのだそうだけど、彼はその話を笑い飛ばしたとのこと。他にも同じ夢を見たという人がいました。そして十二月三十一日の午後になって、三時半頃のことでしたか、彼から私に電話があった。

『ママ、これから行ってくるよ』

『ムチャーチョ！　ニカラグアにもう着いているのじゃなかったの？』

『いや。出発が遅れたんだ。大晦日の今日、皆と一緒に過ごせないのが残念だよ。もし明日帰らなければ、次の日にするからね』

彼は私に、たしかにそう言いました。

──もし明日帰れなければ、次の日にするからね。だから、私は今日も彼を待っているのです」

10　心の貧富

当然のことながら、母の嘆きは深い。そして、関係者の落胆にも際限がなかった。いや、島のだれにとってもその事故のニュースはショックだったはずだ。

その日の模様を語ってくれた人の一人に、カルロス・ムニョス氏がいる。氏はサンファン国際空港の入国審査官の主任であるが、アメリカ野球学会（ＳＡＢＲ）の会員でもある。プエルト・リコ在住の会員は五人だが、そのうちの一人が当時から空港勤めだったことは私には好都合だった。同じメンバーの一人として面会を申し込むと、彼もまた若い頃からのクレメンテのファンということで快く応じてくれた。

市の海岸通りの中央に建つ巨大な建物「コンベンション・センター」が約束の場所。この島の人たちは普通時間にルーズなところがあるのだが、カルロスは違った。

どこから現れたのか、一分の狂いもなく、彼は私の前に立つとニコリとして手を差し出した。

「よく分りましたね」

電話では二度話したというものの、お互いに初対面なのだ。

「ああ、オリエンタルの人って、すぐ分りますよ。それに、あなたのことは新聞に出てましたから」

だれかが、メディアの人々に私のことを話したらしい。地元の新聞のいくつかに写真入りの報道がなされたが、ロベルトのことを調べている日本人がいるということに、彼らは相当な関心を寄せたものと思える。

私たちは、その建物をめぐって裏の砂浜に出た。海水浴場として有名なところだ。白く砕ける波の向うにロベルトを飲んだ海が広がっている。風の強さによるものか、それはひどくささくれて見えた。

「一九六七年から私は空港勤めをしてましてね」。カルロスの声は低く、その口調はひどくゆっくりしていた。

「あの日も私はオフィスにいたのです。ロベルトのしようとしていたことは、もちろん私たちみんなが知っていた。だから、計画がうまくいくことを本当に望んでいたのですよ。

今から思うと、あの四便目は初めから無理があったのかもしれない。というのは、まずあのDC—7型カーゴは二十年間も使われていたもので、それまでにも小さい事故を二度起こした機だった。『インターステイト・エア・サービス』という会社のものでしてね、社長がリベラ氏。彼もこの機に乗り込んで死んだのですよ。

点検には時間がかかりましてね、四時の出発予定が、結局、九時にまで延ばされました。パイロットの到着が遅れたのだという人もいましたがね。

パイロットのジェリー・ヒル氏は退役した空軍飛行士。ロベルトの呼びかけに応じて出てきたのだった。エンジニアのマシアス氏には妊娠中の奥さんと四人の子供たちがいたとされる。あと一人の乗組員ロザノというのはロベルトの友人で、トラック会社をやっていた男とのことだった。

私は自分のセクションにいて、仕事を続けていたから彼らが飛び立った時は知らなかった。しばらくしてからですが、何かの用で私は部屋を出た。

すると、ロビーに通じるドアのところで、一人の女性が壁に頭を当てたまま泣いている。そう、体を震わせて、かなり激しく泣いているのです。不審に思った私は当然たずねた。

『どうされたのですか』

『ロベルトが！　ロベルトが！』

というのがその人の言葉でした。多分、乗客として空港へ来ていた人の一人だったのでしょう。事故の知らせは電撃となって待合室などにも伝わっていたのです。

大騒ぎになったのはそれからですよ。

飛び立ってから数秒ののちに落ちたという。『空港へ戻る』というのが最後の交信だったと聞きました。低空を飛ぶ機体を見て、早くも墜落を予想したという人も現れた。新年のお祝いも何もありませんでした」

そのあとのことは先に示した通りである。沿岸警備隊などの捜索のほかに、彼の友人たちが独自で船を出し、荒波に逆って救助をめざした。しかし、結局は機体の一部を回収したのみ、ロベルトの遺体はついに見つからなかった。

「――The good die young.(善人は若死にする)というのは本当なんでしょうかね」

カルロスは突然、結論めいたことを口にした。何のことかと思ったら、あのマナグアの地震の被害を目のあたりにしながら、ちょうどロベルトとは反対の行動に出て死をのがれた一人の男がいることを、彼は言っているのだった。

その男というのは、映画製作者としてばかりでなく、航空会社のオーナーとして、またみずからも飛行家として著名なハワード・ヒューズ氏らしい。何人かの女優と結婚したことでもよく知られるこの大富豪は、地震のあった時、ちょうどマナグアに居合わせていたのだという。救援機の調達には最も都合いい立場にいて、その上、金にも時間にも余裕があるこの人が、この時したことといえば、カルロスの表現によれば、「マナグアから逃げようとしたのみ――」。不運に泣く人々には一片の同情をも示さずして、彼は急いで姿を消したのだという。

カルロスは、南の島の人には珍しくひそやかな話し方をする男だった。が、この時ばかりは静かな話しぶりの中にも、押えがたい憤りをあらわにしていた。〈ロベルトは死んだというのに……〉という気持が彼には人一倍強く今もあるものらしかった。

カルロスの静かな熱気にあおられて、その帰りに図書館を訪れてみれば、先に行った時には見のがしていたその記事が、たしかにあった。

「マナグアの人たちに対してロベルト・クレメンテが示した人間味ある行動と対照をなすのが、億万長者ハワード・ヒューズ氏のそれである。彼はマナグアの最高級ホテルに逗留していて、その地震にあった。従って、彼は町の広範囲にわたる破壊の状況や人々の苦しみを直接見ているはずなのである。ところが彼はクレメンテとは違っていた。ロベルトはテレビなどによって見聞きしただけのことにも心を動かされ、救助活動にすぐに献身したのに反し、ヒューズ氏は、彼の個人用ジェット機が用意されるや否や、一刻をも失わず、それに乗って町を去った。彼は今ロンドンにいて、事業に精を出しながら、異常なまでのプライバシーと完璧なる利己心の最中にいる。彼は、財力や権力の点では超人的であるかもしれないが、単に人間性ということになると、この上なく貧しい男であることには間違いない」（「サンファン・スター」一九七三年一月三日）

「心の貧困」――この記事の見出しはそうなっている。

このニュースは私にさまざまなことを考えさせてくれるもととなった。これは私がロベルトに対して抱いていた関心の中心であったことを最も鮮明に浮び上らせてくれたからである。それは先にも記した通り、ロベルト・クレメンテは、そうまでしてなぜ救助に向ったのであろうかという疑問へのアプローチである。

同情、あわれみ……そういったものによるのだろうか。しかし、この場合、その言葉はあくまでも空疎だ。彼をマナグアへと駆り立てたものは、実際のところ何だったのか。

ロベルトのこの時の行動について書かれたものは決して少くはない。それでいて肝心のところについて納得のいく説明の付されているものは皆無であった。大リーグにおける戦績のかずかず、事故後の捜査の様子についての詳しい説明はあっても、彼の行動の原動力であったものへの考察は一切なされていないのである。

まったくのところ、ロベルトはどうして他国の不幸を見逃すことができず、立ち上ったのか。よくよく考えてみれば、カルロスが大いに憤慨するあのヒューズ大富豪の行動にしたところで、人間として途方もないものとも思われない。ロベルトの行動と比較してみるから殊更に非人間的と見えはするが、もともと、こちらの行動の方が自然といってさえおかしくないものではないか。

外地の被害に際して、飛行機を飛ばしてまで救助に行かねばならないと考えることの方が異常である。人によっては、それは調子者の一時のはね上りとさえ見られもしよう。その理由が分らない限り、ロベルトの折角の奮闘も、ややもすれば唐突とさえ見えはしまいか。

これまでに、ロベルトの活動の理由として挙げられた事柄は、いくつかあるにはあった。まずは、彼自身がこの上なく優しい心根の持主であったこと。たしかに幼い頃から彼がいかに気の優しい子であったかについては、多くの事例がある。そして長じても彼はその気持を忘れてはいない。だから、あの災害の時、彼の心が少しも動かないはずのなかったことは一応の理由とはなるかもしれない。

次にはニカラグアへの義理。

その年の冬、地震より少し前に、彼はその地を訪れていた。アマチュア野球チームを率いてのことであった。そして大いに歓待を受けたということであった。友人も多くでき、次の交流の計画も語られ始めていたとされる。

だが、これらのことは、はたして真に彼の行動の理由となるのであろうか。第一、義理とか恩返しかいったところで、それには彼のやったことはいささか大げさすぎる。マナグアでの「アマチュア野球世界選手権大会」には、近隣諸国を含め十六チームが参加していた【注2】。どのチームもそこで世話を受け、義理といえばそれはどこにも共通してあったはずだ。ところがロベルトほどに強い支援を個人としてニカラグアのその地に示した者はいなさそうである。同じカリブ海にある者同士といっても、ニカラグアからはプエルト・リコは最も遠いのである。

思い起してみれば、この時のロベルトの心にあったものを知りたくて、私は彼の跡を追っているのだと言えた。当然、ヴェラさんにも私はそのことを尋ねてはいた。

——彼はそういう人なのよ

彼女はそう言い、その言葉の中にすべてを押し込めてしまうのだった。そう言われてしまえば、なるほどそれ以上にいい表現はなさそうであった。まさしく彼はそういう人だったのだ。そう思って、ある思い切りを自分に強いようとしていた私を救ってくれたのが、あのルイス・ロドリゲス・マイヨラル氏であった。

ルイス・マイヨラル氏の部屋に何の予備知識もなしに足を踏み入れた人は、きっと野球博物館の中に迷い込んだのかと思うかもしれない。

それぞれにいわくのあるバット、ボール、ユニフォーム、帽子。一五〇枚を超えるという銘板、それにブロンズ像などが、壁といわず床といわず置き並べられている。その一つ一つについて少しでも話を聞くだけで、もう何日もがかかってしまうのではないか。ほかに貴重な写真や用具なども所蔵されているというから、それはやはり博物館と呼ばれるのが本当かもしれない。

ところで、そうは言ったところで彼は単にベースボール・メモラビリアのコレクターなのではなかった。テレビやラジオのスポーツ番組のキャスターであった。その上、著述をも行う。

ロベルトとは、かつて自分が「パイレーツ」のスカウトをしていた頃からの知己というこのマでもある。

イヨラル氏は、あの悪夢の日、救助隊のみに捜索を任せてはおけず、船を出して沖に向った一人

「私の頭に毛がないのは、あの時のショックからだ」

と冗談まじりに言うが、その顔は笑ってはいない。ロベルトをよく知る者の自信からでもあろうか、のっけからズバリとこう言い放つ。

「ロベルトのあの行動の原動力となっていたものですか――それは、一種の『ノブレス・オブリージュ（Noblesse Oblige＝高貴の義務）』の観念だったと私は思う。そう、地位や身分の高い者にはそれ相当の義務があるとされるあのヨーロッパの古い考え。いや、初期のアメリカにもそれは色濃くあったようですがね。勇気、仁愛、典雅。高い地位にある者はこれらを持つことが義務とされた。そしてそれらを正しく示すことが要求された。

もちろんロベルトは高貴の身ではありませんでしたがね。それどころかアメリカ社会の中でいえば、最下層の者といえたでしょう。プエルト・リコの人間は被征服者なのですから。しかし、ロベルトはそこから身を起こし、この民族の先頭に立った。いや、立たねばならなかったというべきでしょうか。アメリカ本土へ乗り出していって成功し、彼ほどに知名度の上った人もほかにいなかったのですから。

およその話ですが、この島に今いる人間の数が三五〇万人。しかし、私たちの同胞はアメリ

カ本土に一〇〇万もいる。大部分がニューヨークなどの大都市に住んでいるが、進出が遅かったせいもあって、ほとんどは大した仕事についてはいない。彼らがロベルトを神の如くに敬慕した気持はあなたにもお分りでしょう。まさしく彼はアメリカに住むプエルト・リコ人の希望の星だった。いや、それればかりではなかった。

彼は島の者全体の誇りともなり、同時にカリブ海に住む者みんなにとってのヒーローともなったのだった。彼ロベルト・クレメンテは、それはみずから求めた結果ではなかったにしても、多くいる単なる野球選手のうちの一人という以上の存在となっていたというわけです」

こういうマイヨラル氏は、いま大リーグにある特別行事「ラテン・アメリカン・プレーヤーズ・デイ」の創設者として知られるが、さすがに口にする言葉にもこの地域における氏の地位を証明させるものがある。

「ヒーローの出現にはつねに時代というものが大きく作用しているものですがね。ロベルトの歩みというのが、新生プエルト・リコの歩みと時を同じくしているのです。

例を挙げましょうか。

この島で初めて議会への自主投票が許されたのが一九四八年、つまり人間にとって最も感受性の強いとされる十四、五歳に彼がなった時だった。この二年後にわれわれは自主憲法を持つことが許され、さらにその二年後にアメリカの自治領として正式に認められた。それを見とどけたという恰好で彼が本土に渡り、野球界に入ったのが二年後の一九五四年。本土への渡航者の急増とも歩調を合わせていた。

それで彼がみずからの民族を意識しなかったら、その方がおかしい。のちに彼はあまりにも自分の出身地に関する意識が強すぎると批判もされるようになるが、それはそれで当然だったと私は思う。あなただって、その立場にあったなら、きっとそうしていたのではないでしょうか。

一九四七年にあのジャッキー・ロビンソンが黒人として初めて野球機構に入れられた時、黒人全体に対する彼の意味は大きかった。同じことが、ロベルトと私たちの間の関係にも言えた。また彼自身、そのことをよく理解していた。

地位のある者にはそれに伴う義務があるとする、いわゆる「ノブレス・オブリージュ」を彼が感じないわけはなかったでしょう。それもまた、われわれの中のスペインだったと言えなくもない。ヴェラさんも、ロベルトが世に示すあらゆる犠牲的行為にいつも深い理解を示し、協力的でありましたがね、あれは確実に彼女の中のスペインだった。彼女のお父さんはスペイン系の白人ですからね。

かつて古い国々の身分の高い人たちは、下賤な労働などせずに狐狩りなどをして時間をつぶしていたが、一般の人々はそれに対して文句も言わなかった。むしろ、〈どうぞそうしていて下さい〉という風であった。というのは、彼らは知っていたからだ。いざという時には、ノブレスは自分たちのために先頭に立ち、全力をあげて戦ってくれることを。普通の者が先頭に立って体を張ることはなかったし、またそんなことは出来もしなかった。

ノブレスは狐など追って野でたわむれていても、決して心楽しいばかりではなかったと思いますよ。求められているオブリージュというのが決して小さくはないのですから。が、それは果されずにはすまされない。

ロベルトは新しい時代の島のノブレスとしての自分の存在を考えないわけにはいかなかった。生まれつき気の優しい男だったから、よけいそうだった……」

私はこのマイヨラル氏の話を聞きながら、いつかニューヨークで見た「スパニッシュ・ハーレム」の一角を思い出さずにはいられなかった。くすんだ建物からの脱出を果せずに、折り重なるように住んでいる褐色の人の群れ。メキシカンは主にカリフォルニアへ行くが、こちらは主としてカリブの島の人たちではなかったか。

そう言えば、一時は大いに話題となったミュージカル「ウエストサイド物語」のことにも思い当る。あれは断じてラブ・ストーリーのみのものではなかった。マンハッタンのウエストサイドにおけるイタリア系ギャングとプエルト・リコ系ギャングとの縄張り争いこそが基調であった。砂糖とタバコのみの島を去ってアメリカ大都市へ乗り出してきたといっても、たいていの者はあのストーリーからもうかがえるように、社会の底辺のところで他の少数民族と肩ひじを張り合って生きていかねばならなかった。

彼らのためにも、そしてアメリカに住むすべての人々のためにもロベルトは伝えたかったのではないか。プエルト・リコ人にだって人並みのことが出来るということを。いや、アメリカ本土の人間にだって容易には出来はしないことを、「二流市民」と呼ばれるプエルト・リコ人が先頭を切ってやったということを。それがためにこそ、カリブ最遠の島からの空の救助に彼は乗り出していったのではないか。そう言えば、その海の中にあって、ロベルトの島のみがアメリカ領であることが、殊更に大きな意味をもって思い出されてくる。

11　ヒーローを偲んで

一九七三年、「ピッツバーグ・パイレーツ」は至宝とするロベルト・クレメンテを欠いたまま苦難のシーズン入りをせねばならなかった。ユニフォームの右袖に、ロベルトの背番号だった「21」の数字が黒いリボンと共に縫い込まれた。そのシーズンの全試合を、チームはこうしてかつての同僚への哀悼を込めて戦うものとされた。

ところで、野球界がロベルトの死に対して示した哀惜の情は、これのみにはとどまらなかった。そのすべてとなると、とうていここに記せるものでもないし、数え切れもしないだろう。その主なところを三つに絞るなら、次のことになるのではないか。つまり、

● 追悼試合の開催
● 野球殿堂への特別推挙

されないだろう。

●クレメンテ賞の制定

である。このほかのことについては割愛することは許されても、これらへの言及なしには済まされないだろう。

まず、ロベルトへの追悼試合とはどのようにして行われたか。

時は一九七三年四月六日。「パイレーツ」はこのシーズンの公式戦の最初の試合をロベルトに捧げた。つまり、球団はペナント・レースの開幕を、このチームのかつてのヒーローを追悼することから始めたのであった。

追悼試合となれば、それはいかなる人へのものであろうと、何がしかの感慨なしになされることはあり得ないが、これはまた格別にドラマチックな男のものだった。そこに集約された彼への訣別――それがまた新たなドラマの舞台となることは避けられなかった。

伝えられるところの、この日の模様はこうだ。入場人員は五万一、六九五。新シーズンへの期待と同時に、主砲を失った痛恨とが入り混って複雑な雰囲気の中で、セレモニーが行われた。

クレメンテ選手への哀悼の辞が述べられ、背番号「21」が永久欠番とされることが発表された。本塁ベース前に立つヴェラ未亡人に球団の代表から、ロベルトのユニフォームが手渡された。

観覧席の全員が立ち上り、選手は白線に沿って整列して脱帽の上、センターの後ろにあるポールに注目した。その旗竿にあるのはアメリカ国旗であったが、まず歌われたのはプエルト・リコを象徴する歌の方だった。歌うはルース・フェルナンデス。市長の命を受けてその大役を負ってきた黒人中年女性で、議員の一人である。

実は、その歌のことで、彼女の周辺に前夜からひと騒動が起きていた。彼女が島の歌を歌う時、ポールにあるべきはプエルト・リコの旗なのに、それが手元にないことが判明したからである。しかもこれは、自分の出身地をあれほど愛し、誇りにしたロベルトの追悼のための儀式なのだ。旗がなくては彼に対する冒瀆もはなはだしいというわけである。

真夜中すぎになっても、球団は懸命に旗の確保に奔走、結局はフィラデルフィアにあるものを回してもらうことで一応の収まりを見た。ところが、もう一つの問題は、その「スリー・リバーズ・スタジアム」には、旗竿は一つあるのみ。アメリカ国旗をあげれば、島の旗はあげられるところがなかった。

「旗竿がなければ致し方ありません。私は手に旗を掲げて歌いましょう」

ルース・フェルナンデスはそう決意を語ったが、結局その旗は、どういうわけか、その場面には間に合っていない。アメリカ国旗に向って、プエルト・リコの歌「ラ・ボリンクエーニャ」が歌われるという不都合がそうして生まれたのだった。しかし、彼女の気持——あるいは島民の多くの気持を代弁する者は球場内にかなりあって、黒いリボンのかけられたプエルト・リコの小旗が、スタンドのあちこちで振られている。

試合の相手は「セントルイス・カージナルズ」だった。クレメンテの追悼試合とはいえ、大切なシーズンあけの緒戦である。「カージナルズ」は当然、エースのボブ・ギブソンを押し立てての登場である。彼は五回を終わるまで「パイレーツ」打線をピタリと押さえ、地元軍につけ入る隙を与えない。打線の援護を得て「カージナルズ」に五―〇のリードをもたらす。

「パイレーツ」のライトを守るのは、やはりプエルト・リコ出身の若きマニー・サンギーレンだった。十八年にわたってクレメンテが君臨していた領土の上に立って、彼はこの時ほど緊張したことはなかったのではないか。サンギーレンと言えば、マナグアへの救援にロベルトと共に飛び立とうとしながら、車のキーが見つからず結局乗り遅れたとされる男である(キーは後になって自宅の敷居の上で発見された)。ロベルトの忠実な弟分であったこのサンギーレンが郷里の先輩のポジションを立派に引きつぎ、一度は三塁への見事な遠投を見せて、大観衆から喝采を浴びているのはいい情景だ。

五対〇、このままではロベルトに対していかにも申し訳ないとの思いもあったろうか、地元「パイレーツ」は六回から俄然、反攻に出た。力投のギブソンを打って、六回に一点、七回にまた一点、ついに八回にはこの主戦投手をマウンドから引きずりおろすのに成功した。

リッチー・ヘブナーの二塁打で二点を取り、五対四と一点差に迫った時のこの球場内の興奮には、何の説明も不要だろう。打順が投手に回ってきたところで、代打に抜擢されたジーン・クラインズ、二死で走者二人を塁に残していたこの場面に、神がかり的ともいうべきか、豪快に三塁打を放って、結局七対五と「パイレーツ」の逆転である。

九回、最後の守りに、監督ビル・ヴァードンの考えついた投手の起用法も申し分なかった。レイモン・フェルナンデス――プエルト・リコ出身の左腕投手である。それも、ロベルトと同じカロリーナの産。彼は郷里の英雄を送る最後のイニングに、同じユニフォームを着る者として勝利を守る大任に当ったのだった。残された三つのアウトのうちの二つを、いずれも持前の大きなカーブで難なく奪って、いよいよ大詰め、あと一人となって打席に迎えたのが「カージナルズ」の誇る名選手ルー・ブロックである。ルーが大リーグの盗塁記録を書きかえる一一八個のスチールを行うのはこの次のシーズンのことなのだが、この時点でもすでに彼は大リーグ入り十三年目のベテランだった。

彼がバットを一振すると、打球は内野手たちの頭上を越え、ゆっくりと球場を見下したあと、サンギーレンの待つライトのポジションに落ちていった。


ところで、この追悼試合より先に人々の関心を集めていたのは殿堂入りの方だった。

それは、事故直後の一九七三年の初頭から新聞において大いに主張されているのが見られる。その多くの記事の中から一例をあげるとすれば、有名なスポーツ・ライターの一人であるハル・レボヴィッツ記者のペンによるものがいいだろう。一九七三年一月七日「ザ・プレイン・ディーラー」紙から引用したい。

「私は今日、野球殿堂への投票用紙に記入をおこない、それを郵送した。これは軽々しくなされるべき投票ではないことを思い、よく調べ熟慮した上で、適格者だと私が考える人の名に印をつけた。

私が推薦したのは五人だった。まず、決めたのがウォーレン・スパーン。彼の場合は当然で、何の検討もいらない。同様なのがボブ・レモン。どういうわけか、彼の勝星には目を見はらせるものがないのだが、その記録は、昨年有資格者となったばかりで殿堂入りを許されたあのサンディー・コーファックスに匹敵するものだ。

さらに私はいろいろ検討した結果、ホワイティ・フォード、ジョニー・マイズ、イーノス・スローターを選び出した。

しかし、実はそうしながら、私はロベルト・クレメンテのことを考え続けていた。彼は、時ならぬ時に非業の最期を遂げた。時ならぬものでない死なんてないのかもしれないが、ともかく彼はまったく突然に、それも今年の殿堂入りの選挙が行われている時に死んだ。そこで、私は彼を有資格者としてノミネートされている人たちと照らし合わせてみた。投手は彼とは別の範疇で検討されるべきだからどけておいて、野手として考えれば、他のいずれの候補者の成績より彼のものは上位にあり、中には他の何人分かを合計したものと彼の実績とがやっと引き合うというものもあることがわかった。

………

今ただちにクレメンテを野球殿堂に入れたところで、そこに異論の生まれることなどなかろうと思うのだが、いかがなものか。この偉大なパイレーツの選手に、五年の待ち時間は省かれてよいのではないか。

彼の親しい友人の一人に、かつてキューバで『ハバナ・シュガー・キングス』というチームを持っていたボビー・マデュロがいる。カストロが政権をとった後、彼はキューバを去り、今フロリダにいてコミッショナーであるボウイ・キューン氏のアシスタントをしている。昨日会った時、彼は次のように話していた。

『彼はいつも人のために何かをしていた男だった。これまでのことで、人に知られていることはまれだろう。もちろん今は、ロベルトがニカラグアへの救助に出かけて死んだことを知らない人は少ない。しかし、もしもあれがうまくいっていたら、大して知られはしなかったろうし、彼もそんなことを望んではいなかった。彼はいつもそうだった。私が彼と最後に会った時、彼が言っていたのは子供たちのためのスポーツ場建設のことだった。そのことに、彼は本当に真剣だった』と。

ある人の偉大さが明かされ賞揚されるのが、しばしばその人の死後においてであることは、人生の皮肉の一つだろう。今やっと、クレメンテの人となりや、その胸にあったものが、表面に現われ出てきたのだ。野球選手としての非凡さばかりではなく、人間としての彼の偉大さがあらわになった。最高の野球人のすみかとされる殿堂は、彼のごとき人のためにあるのではないか。五年の待機期間をとばして、今彼をそこに入れるに何の無理があろうか。バラの香りは、もはや彼には届かないが、少くとも、あとに残された夫人や三人の子供たちには慰めとなるのではないか」

これらの主張は多くの人々にも共通していたものと見え、この年のうちにロベルトは野球殿堂に入れられるところとなった。待機期間の短縮（彼の場合はゼロ）という特別待遇は、これより先には、不治の病に冒され死を待つのみのルー・ゲーリッグに対して示された例があるのみであった。

同時に殿堂入りしたのは、

●大リーグでの勝星三六三の名投手ウォーレン・スパーン
●「ニグロ・リーグ」から身を起こし、のちに「ジャイアンツ」で大活躍したモンテ・アーヴィン
●一九二一年から二四年までの「ジャイアンツ」優勝時の一塁手だったジョージ・ケリー
●十九世紀の三〇〇勝投手だったミッキー・ウェルチ
●大リーグ審判歴二十二年のビリー・エヴァンス

であった。

スパーンとクレメンテが記者の投票による決定であり、アーヴィンは「ニグロ・リーグ特別委

であった。
員会」からの推挙、そして残る三人は「ベテラン委員会」における投票により決定されたもので

ロベルトの殿堂入りがヴェラさんに知らされたのは、彼女が第一回「ロベルト・クレメンテ賞」の授与式のためにフロリダのホテルに来合わせていた時であった。「ピッツバーグ・ポスト・ガゼット」(三月二十一日)の記事を見ると、健気に振舞おうとしながらも複雑な気持をおさえ切れない彼女の姿が読める。

「彼女は強い女性であった――身体的にも知的にも、また感情の面においても。『パイレーツ』の偉大なる選手の妻だった彼女は、今から七十九日前にその夫を失った。悲しみの中にあっても、いつもの美しさを失わない彼女であったが、昨日、ヒルトン・ホテルの十二階の一室で、亡き夫がラテン系選手としては初めて野球殿堂入りすることが投票により決定されたことについて記者団から質問を受けた時も、彼女は立派な態度を保持しつづけた。

『いつも英語ばかりを使っているわけではないので、変な発音でしょうが、ごめんなさい』――彼女は何度もそう言ってスペイン語なまりの自分の言葉づかいを詫びた。急変した生活について、そして子供たちのことについて彼女が語るとき、そばにいる弟オーランド・ザヴァラ氏から助け舟を出してもらっていたが、彼女の態度の中に力の萎えは全く見られなかった。

夫のことについて語るとき、一度二度、彼女の目に涙があふれたが、彼女は力を失っている

のではなかった。それは、十八年間にわたって『パイレーツ』のユニフォームを着つづけたロベルトが持っていた力とはまた別種の力だった。

話によれば、ロベルトは家の中では野球のことについては殆ど何も言わなかったとのこと。ヴェラさんとの話というのも、子供のこと、友人のこと、そして将来のことにほぼ限られていたとか。

『ロベルトの殿堂入りについてのご意見は？』と尋ねられたとき、彼女の口に長い沈黙が起った。

『適切な表現でお答えしたいと思うのですが……』というのが最初の言葉だった。

『アイム・ハッピー……いいえ、これは正しい表現ではありません』。彼女はまたも沈黙した。

"誇りに思います"（"Proud?"）は？　という助け舟にも、彼女は乗らなかった。彼女の気持を正確に伝えるものではないのである。随分と考えたのち、このことを大変名誉に思うということと、後に続くラテン系プレヤーたちにとっていい刺激になってくれればうれしいということを彼女は語り、最後にこうつけ加えた。"Thank you for everything. I hope you can understand silence."（いろいろありがとうございました。どうか私の沈黙の意味をわかって下さい）」

自分の胸にあるものを正直に伝える言葉を、この時の彼女が懸命に求めていた気持はよく分る。慎重に言わねばならないと思っていた気持も十分想像がつく。だが、いくらよく考えてみたとて、彼女の心情をピタリと言い当てる言葉なんて、とうていあるものではなかった。それは彼女が英語をよくする人であったところで同じだっただろうと思われる。

それにまた、彼女はいくらかの懸念をも感じていたのではないか。その感情をも含めれば、ますます言葉は彼女から遠のいて行ったということではないのか。

懸念というのは、つまりその投票の内容に関してだ。十年以上のキャリアを持つ野球記者たちによる投票でロベルトが得ているのは、満票であれば四二四票であるはずのところの三九三票。反対が二九票あり、棄権が二であった。のちになって、その反対投票のうちの六割はロベルトの入堂に積極的に反対であったというよりも、規則をゆるめることに賛成しないという意味のものであったことが知らされたが、ヴェラさんにとっては、たとえ満票の賛成を得ていたとして、心からの快哉の叫びはなかっただろう。五年の待機期間が過ぎるのを心待ちにしている多くの古参のあることを、彼女は知らされてもいたからである。

それにまた、何にせよ規則をゆるめるには当然ながら反対の波は起るもので、そのことによって折角の殿堂入りにもケチのつくことを彼女は最も恐れていたかもしれない。たしかに反論はこの場合も起っていたわけで、その辺の事情はビル・クリスティン記者の解説にある。

「……死後においてもまだクレメンテは大騒動を起こす力をもっていた。昨日の殿堂入り選挙において、この国の有力なスポーツ記者たちの隊列にも乱れが生じた。これらの記者というのは、善意に満ちた働き者たちなのだが、重要な事柄が急に出てきた場合には、その共感するところに従って道化師の役割をも果してしまうことが時々ある。

『ニューヨーク・デイリー・ニューズ』紙の大御所ディック・ヤング記者は、クレメンテのことに関していささか深刻すぎる考えを表わした。その主張するところによると、クレメンテがクーパーズタウンの住人になるに十分な資格のあることは認めるものの、その選挙においてコミッショナーが圧力を加えたことが不満なのだとのこと。彼の考えというのは、ロベルトを今年のうちに殿堂に入れようとするのではなく、来年、つまり一九七四年一月に行われる投票に際して彼を投票の対象として入れるだけでよかったのではなかったかというものであった。

シカゴでは、これも良心的な記者の一人、『トリビューン』紙のディック・ドウザーが次のように主張していた。つまり、このロベルト・クレメンテの場合においてでも、五年の規定はゆるめるべきではなく、その方が殿堂入りのセレモニーに際して彼の遺児たちにはるかに大きな感動を与えるのではないか——というのである。ロベルトの子供は、その長男でさえまだ七歳なのだからというわけである。

私は、これらの意見をケチな抗議だと考える。ここにおいて皮肉なのは、ロベルト本人はこのヤング記者やドウザー記者の意見に、恐らく賛成するであろうと思われることだ。昨日はそのクレメンテは、この世ならぬどこかの地にあって、記者たちの騒ぎを見ながら、『一体、何を大騒ぎをしているのかね』と言っていたことだろう。殿堂入りへの期待に胸ははり裂けんばか

りになっていたとしても。……」(「ピッツバーグ・ポスト・ガゼット」一九七三年三月二十一日)

こういった事情はともかく、ロベルト・クレメンテはその年の八月六日、ニューヨーク州クーパーズタウンの野球殿堂に入れられた。それについて、彼と同時にその名誉を得たウォーレン・スパーンは、次の感想を記者に伝えている。

「ロベルトが入れられたのはすばらしいことだと思うよ。彼を待たせなかったのはよかった」

その日、ヴェラ夫人は三人の息子たちと共にその式典に参加した。

「子供たちはいずれもこの日をとても楽しみにしていました。父の殿堂入りについて書かれたものはどんな小さな記事も熱心に読んで、それはそれは喜んでいました。招いて頂いて私たちは本当に感謝しています。関係者の皆さんに心から感謝します」

まだまだ小さくはあっても、その行事の意義をロベルトの子供たちはよく分っていたのだろう。

なお、殿堂から数ブロックのところにあるダブルデイ球場での恒例の奉納ゲームには、クレメンテに義理立てしてか「パイレーツ」が登場し、「テキサス・レインジャーズ」との間で一戦を交えている。ただし、結果は八対六——背番号「21」のヒーローを欠くそのチームの負けであった。

12　継がれゆく遺志

さて、野球界が示したロベルトへの哀悼の三つ目のもの——「ロベルト・クレメンテ賞」とは？

思い起せば、クレメンテへの私の関心の最初がこれであった。アメリカ野球の中にあって、日本ではあまり知られていないいくつかの「こぼれ話」を書き綴るうち、この賞の存在を知り、その紹介の必要からロベルトの人生を振り返ることになったのであった。そして今にして言えることとは、やはりこれが私には最大の関心事となって残っているということだ。

私にとって、彼の人生に関して最も興味があるのは、彼の死のあり方ではなくて、その死の生かされ方である。「スポーツ・シティ」もそうだが、ここにおいてもまた、彼の人生が永遠の意義をもつものとして確認され、その遺志の継承が意図されているところを重く見たい。「スポーツ・シティ」はロベルトが郷里に残した実際的な遺産であるが、こちら「クレメンテ賞」は彼がアメリカ社会全体に残した最大の精神的遺産といえはしないか。

言うまでもなく、野球界にはそれ以前からグラウンドの上において最も顕著な働きを見せた者に贈られる最高殊勲選手賞（ＭＶＰ）がある。それは各部門別に与えられる個別の賞の上に位するもので、文字通りそれは「最高のプレーヤー」を標榜するものとされていた。

ところが、コミッショナーであったボウイ・キューン氏が、これとは別にもう一つの賞の必要を感じて新設したのが一九七一年、つまりロベルトの死の二年前のことであった。「コミッショナー賞」と名づけられたその賞は、グラウンドの上での活躍のみならず、その外における活動をも含めて、社会に最も大きな貢献を示した者に与えられるものとされた。それは野球界における「最高のプレーヤー」ではなく、「最高の人間」に贈られたわけで、その時点で、早くもそれは野球界最高の賞として歩み始めていたわけである。第一回はウィリー・メイズ（ジャイアンツ）が、そして第二回にはブルックス・ロビンソン（オリオールズ）が受賞していた。三人目の受賞者の選考を前にして、コミッショナーはこう語っていたことが新聞にて読める。

「この賞は今から二年前に、コミッショナーの名においてロサンゼルスで始められたものだった。だが私はその名称を気に入ってはいなかった。ピタリとその実を示すものではないからだ。ところで今ここに、私たちは望み得る最高の名称を得た。『ロベルト・クレメンテ賞』――今後これはそう呼ばれるものとなる。これは野球の内と外とを問わず、たとえ人の目にはつかなく

とも、深く世に尽している者に贈られる」(一九七三年四月七日、ジャック・ラング記者署名入り記事より。紙名不詳)

その選考方法は、さしてややこしくはない。各チームの推薦を受けてノミネートされた者の中から一名、選考委員会により選び出されるのである。委員会は新聞、ラジオ、テレビ等マスコミ関係者、および野球機構の役職にある者で構成されている。

「ロベルト・クレメンテ賞」と名をかえてから初めての選考会は、一九七三年三月二十日に開かれた。プレーヤーとしての能力、スポーツマン精神、人格、社会参加、博愛精神、チーム及び野球界への貢献など、さまざまな点での検討がなされたあと、最後の一人が選出された。

名を挙げられたのは、「デトロイト・タイガース」のアル・ケーライン選手だった。この時三十八歳。「タイガース」のユニフォームを着た選手のうちでは、球聖タイ・カッブを除いては最高の選手とされていた。前シーズンに、彼は三割一分三厘の打率を残し、チームをアメリカン・リーグの東地区優勝に導き、さらに、リーグ優勝を決めるプレー・オフでも五割の打率をあげて大活躍をした。通算打率三割、オール・スター・ゲームに十五回出場、ゴールド・グラブ賞九回受賞と、球歴はすでに華々しい。

のちに彼はクレメンテに次ぐ大リーグ史上十二人目の三、〇〇〇本安打の記録者となるのだが、この時はその数字までにあと二一八本を残すのみ、ホームランでは、それまでの球団最多のハンク・グリーンバーグの記録をとっくに超していた。しかし、これらの記録からは想像できにくいほどの謙虚さを彼はもっていて、振舞いはあくまで控え目。静かで、まじめで誠実な人柄は、チーム・メイトからもあつい信頼を集めるところとなっていた。

その無類の実直さを伝える話に次のものがあった。自分として満足のいかなかったシーズンのあとのことだが、年俸アップを彼の方から拒否したというものである。「『タイガース』は私をいつも公正に評価してくれた。私が受けるに値しないと思うものを受けるわけにはいかない」とは、その時の彼の弁である。

「クレメンテ賞」受賞の理由は、恵まれない子供たちへの長年の支援であった。彼自身、毎年多くの子供たちを試合に招待したが、彼は誰に対しても親切を忘れない男だった。「デトロイト・フリー・プレス」社のスポーツ部長ジョー・フォールス氏の言に次のがある。

「彼はいつも他人のことに気を配る思いやり深い男だ。障害のある子供たちが球場に来た時など、選手のだれかに会わせようとするのだが、そんな時、私はいつもアルに頼むのだ。するとすべてがうまくいくのだ。みんなよろこんで満足して帰ってゆく。それがもう、ここ何年も続いている。彼ほど誠実な男を私は知らない」

アル・ケーラインは、これより先、一九七一年に政府より特別表彰を受けていたが、それに付されていた金一封を、ただちにデトロイト地区連合社会奉仕のうちの「サマー・ユース・プログラム」（青少年のための夏期プログラム）に寄附したものだった。ほかにも、その長い奉仕活動を顕彰したいとする記者たちから、「野球記者協会賞」をも受けていた。しかし、野球界が「クレメンテ賞」を贈ってその功績を讃えてくれたことは、彼には一番うれしいことだったようだ。

フロリダ州セントピーターズバーグのヒルトン・ホテルで開かれた知事による招待晩餐会の席上で賞の贈呈は行われたのであったが、一、二〇〇人の聴衆を前に、彼は次のような言葉でその喜びを語った。

「私にとって、これは今までに受けた賞のうちで最も素晴らしいものだ。誰だって、これを受ければ最高に誇らしく思うだろう。私は心からこれを嬉しく思う。第一に、これが私にとって最も親しい野球の世界からのものであるから。スポーツ・ライターの方々、報道関係者の方々、それに野球の関係者の皆さんにあつくお礼を申しあげたい。私のほかにも、受賞するにふさわしい人が実に多くおられる中で、私を選んで下さったことに対して。

次に、この賞が『ロベルト・クレメンテ賞』と名づけられたものであることも、私の誇りを大きくする。ロベルトといえば、私の知る限りの最高の右翼手だった」

ケーラインは、このあと「タイガース」のジョン・フェッツァーとジム・キャンベルにお礼を述べ、さらに両親、家族への感謝を表わしたあと、さらにこうつけ加えた。

「私は幸運な男だ。私は、好きな野球をできるだけ長くやろうと心がけていて、今日に至った。野球は私に何一つ負うていないが、私は野球にすべてを負うている」

以来、この「クレメンテ賞」はその当初からの精神を引きつぎながら、毎年新しい受賞者を生んできた。その受賞者名を記せばこうだ。

（★チーム名は該当年度のもの）
一九七四年　ウイリー・スタージェル（パイレーツ）
一九七五年　ルー・ブロック（カージナルズ）
一九七六年　ピート・ローズ（レッズ）
一九七七年　ロッド・カルー（ツインズ）
一九七八年　グレッグ・ルジンスキー（フィリーズ）
一九七九年　アンドレ・ソーントン（インディアンズ）
一九八〇年　フィル・ニークロ（ブレーブズ）
一九八一年　スティーヴ・ガーヴィ（ドジャーズ）

一九八二年　ケン・シングルトン（オリオールズ）
一九八三年　セシル・クーパー（ブルワーズ）
一九八四年　ロン・ギドリー（ヤンキース）

これらの名を書きながらつくづく思われるのは、いずれもが大リーグにあってるスーパーがつくほどの大スターであることだ。同時にチームのバラツキからみても、この賞の精神にかなう者は限られたチームにのみあるのではなく、広く球界全体のものとも言えそうなことだ。

ところで、一九八五年の「クレメンテ賞」の受賞者として、ドン・ベイラーの名をここに書けるのはうれしいことだ。というのは私も彼の長い間のファンの一人であるからだ。前出のスティーヴ・ガーヴィの渋さもいいが、ドンの男っぽさはましていい。

私が彼のゲームを最も多く見たのは一九七九年のことだったが、この年、ベイラーは「カリフォルニア・エンゼルズ」にいて、生涯の頂点にあった。一六二試合に出場、そして一八六本ものヒットを放った。打率は惜しいところで三割を割った（〇・二九六）が、塁打三六本、得点一二〇、打点一三九の好成績だった。

ところで、このドン・ベイラー選手が「クレメンテ賞」を受けたきっかけも、実はこの一九七九年にあった。「エンゼルズ」の本拠地アナハイム市の友人から、一つの依頼があったのがそれである。基金集めを目的としたあるゴルフ・コンペに、名前だけでも貸してほしいというのだ。

「何のための基金づくりなのか」と問うベイラーに、友人は答えた。
「嚢胞性繊維症の子供を救うためだ」
ドン・ベイラーの与えた協力は、単に名前を貸すということにとどまらなかった。この運動の意義を理解した彼は、ロサンゼルス地区の担当者の一人となった。協力を申し入れる電話を一日のどの時間でも受けつける態勢を、家族と共にとったのだった。
「システィック・フィブロシス」(Cystic Fibrosis)と呼ばれるその病気は、幼児期に起る膵臓や肺臓の病いとされ、消化や呼吸を困難にするといわれる。ただ、この病名は、一般には発音のむずかしいものであり、特に子供たちにその語の通り呼ばせるのは無理だった。そこで、この援助団体では、この病名の発音に最も近い音をとって、「六五本のバラの会」とみずからを呼ぶことにした。すなわち、「シクスティ・ファイブ・ロージズ」(Sixty-five roses)である。
一九八三年、ドン・ベイラーは「ニューヨーク・ヤンキース」に移籍されたが、この会の運動と縁を切りはしなかった。それどころか、その機会にむしろこれを広めようとしたのだった。野球界におけるこの会の長となって、ベイラーは、他のチームにも参加を呼びかけた。
「タイガース」のランス・パリッシュ
「ブレーブズ」のデイル・マーフィー
「パイレーツ」のビル・マドロック
「アストロズ」のノーラン・ライアン

「メッツ」のジョージ・フォスターなど、大スターが加わってくれた影響が大きかった。大リーグ・チーム二六のうちの二三チームに、この「六五本のバラ」会員がいる。彼らによって、一九八六年だけでも一五〇万ドルの基金が集められた。

その金の集め方とはどんなものなのか。ドン・ベイラーが「ヤンキース」でとっている方法を示すとこうである。まず、趣旨に賛同する選手とファンで会を作る。会員の顔ぶれは当然さまざまで、弁護士、医師、ビジネスマン、等々。入会の時にまず一〇〇ドルを寄附することとされる。あとは、「ヤンキース」の選手がホームランを打つ毎に、全員が一〇ドルずつ出す。ホームラン一〇〇本に達したあとは、それ以上のホームランに対して、各自一ドルずつ。以上は一応の規定だが、八六年の例では、会員はこの規定以上のものを出し合ったという。

もちろんお金のメドはホームランにばかりあるのではなく、ベイラー自身、基金集めのためのさまざまな催しに出ると同時に、仲間たちにもそれを勧めている。直接病院へ赴いて子供たちを励ますのも彼のこの仕事の一部だ。

「子供たちが喜んでくれるのが一番うれしい。それに親たちからの感謝の手紙。私のしていることが、彼らの助けになっている実感があって、私の気持は満たされる。実にいい気分のものだ」

ドン・ベイラーの奉仕はこれにとどまらず、彼が理事をつとめている慈善の会はあと二つあり、「スペシャル・オリンピック」の役員もしている。指名打者を示すＤＨは、彼の場 designated hitter

を表するのではなく、designated hero（指名英雄）を表すものだと言われるが、その評は当っていると言えるだろう。

ともあれ、彼が打席にあって投球を待ち受ける時、蔭ながらホームランを祈っている多くの人たちのことを思うと、私たちまでもがつい応援の拍手に力が入るのは避けられない。

ところで、これまで示したのはそれまでの十一年間の「クレメンテ賞」受賞者の名と実例だが、そのすべて（巻末に示したものをも含めて）お読み頂いたところで、まだこの賞の実態は十分に理解されるものではないだろう。

一人の受賞者が決定されるまでに、どれほどの人がどのような理由で候補として名を挙げられていたかを少なくとも知る必要があるだろう。毎年といっていいくらい、選考委員長は受賞者を一人にしぼることの困難を口にするが、たしかにその苦労は分る気がする。一チームから一人という制限でノミネートされたプレーヤーたちの、それぞれの行為はいずれも優劣のなきもの。もともとが数値などによって明確にことの有様が示し出されるものではないのである。当然、落選したからといって、受賞の例とどれほどの差もなしと見えるものが多い。

同じ一九八五年にしぼり、そのいくつかの例をあげてみたい。

● アラン・ウィギンズ外野手（サンディエゴ・パドレス）

一九八二年に彼は麻薬の不法所持で逮捕されたが、以来、百八十度の転回をみせて、麻薬との戦いに力を示した。サンディエゴ警察と手を携えての「スティング・ストレート計画」（麻薬に染まらせないようにするための計画）を通して、彼は多くの若者たちに接し、麻薬およびアルコールの危険を訴えた。ボーイ・スカウトによる「グッド・スカウト・オブ・ザ・イヤー賞」も受け、サンディエゴ警察からも感謝状が贈られた。

● エディ・マレー内野手（ボルティモア・オリオールズ）

本拠地ボルティモアでの全ゲームに五十席を確保し、恵まれない子供をこれに招くという彼自身の計画も五年目に入った。

● ジョージ・フォスター外野手（ニューヨーク・メッツ）

一九七五年以来、オハイオ州デイトンに、子供たちのための「ジョージ・フォスター・ホーム」を開いている。これは恵まれない子供たちに一般教育と共に職業訓練をも授けるものである。彼はまた衣服なども贈って励まし、子供たちが社会に出て、すぐに働けるようつねに気を配っている。学校訪問もよく行い、麻薬に手を染めないよう説いた。麻薬反対映画にも出演した。

● オージー・スミス内野手（セントルイス・カージナルズ）

数多くの社会慈善事業に積極的に参加。中でも特に顕著なのは彼みずから計画した「オペレーション・グランド・スラム」（満塁ホーマー作戦）だ。健全スポーツの奨励のため、彼は多くの子供の集会に出かけていって、野球の指導をした。また、心臓病、癌、繊維症の人々を救うための作戦に熱心に加わった。

「ロサンゼルス・ドジャーズ」が推薦していたのは、ご存じエース投手のフェルナンド・ヴァレンズエラであった。メキシコ出身のこの若き投手は、チームの本拠地であるロサンゼルスで、中学生・高校生を対象に「馬鹿なことを考えるな、学校に残れ」運動を推進した。これは最近とみにその数を増してきている中途退学者に対し、できるだけ学校に残って学業を続けるよう訴えるものであった。彼は実際に学校へ出かけていって直接生徒に語りかけるのである。その数はこれまでに五四校に及ぶという。

投手である彼には他のプレーヤーたちより多くの休養日があるとはいっても、その数は驚異的だ。日頃から憧れている「ドジャーズ」のエースの話だから生徒もよく聞くわけで、訪問を受けた学校ではたしかに出席率はよくなったとのこと。説教をするばかりではなく、出席良好者をゲームに招待することを約束し、実行したことも有効だったという【注4】。

ここに記したのは「受賞例」ではなくて「落選例」であること、しかもその一部であるところにこそ私たちは驚くべきなのかもしれない。同様の話はほかにもあるわけで、それを思えば少しはその賞の重みが分る気がしまいか。

（なお、念のため、一九八五年以降の受賞者もここに列記しておく。）
一九八五年　ドン・ベイラー（ヤンキース）
一九八六年　ゲーリー・マドックス（フィリーズ）
一九八七年　リック・サットクリフ（カブズ）
一九八八年　デイル・マーフィー（ブレーブス）
一九八九年　ゲーリー・カーター（メッツ）
一九九〇年　デイブ・スチュアート（アスレチックス）
一九九一年　ハロルド・レイノルズ（マリナーズ）
一九九二年　カル・リプケン・ジュニア（オリオールズ）
一九九三年　バリー・ラーキン（カブズ）
一九九四年　デイブ・ウインフィールド（ツインズ）
一九九五年　オージー・スミス（カージナルス）
一九九六年　カービー・パケット（ツインズ）
一九九七年　エリック・デイビス（レッズ）
一九九八年　サミー・ソーサ（カブズ）
一九九九年　トニー・グウィン（パドレス）
二〇〇〇年　アル・ライター（メッツ）

13 ピッツバーグにて

ロベルト・クレメンテの生涯のあとを追う者にとって、彼のチームが本拠地としたピッツバーグの町を訪れることは必要なことの一つと思われる。その姿はもはやそこにはなくとも、何がしかの名残りはあるだろう。

聞けば、球場に隣接する川岸の一帯は「クレメンテ・メモリアル・パーク」と呼ばれるものとなっているとか。そこを歩いてみるもよし、球場内にあるといわれる「パイレーツ記念館」を訪れるのもいいだろう。

六月のピッツバーグは実にさわやかだった。「鉄鋼の町」という古い枕詞から受けるイメージを今に持ち続けている者には、その町の美しいたたずまいは衝撃的ですらある。

ニューヨークから乗ったＴＷＡ機が、一時間と少しの飛行のあとに急にスピードをゆるめ、三本の川にまたがるそのつつましやかな町の上にさしかかったところで、私はもうここをすっかり好きになっていた。これをとりまく深い緑の量感が何とも言えずいい。丘陵に点在する色とりどりの家。二本の銀の帯が合わさって一本の川となるところの狭い三角地帯にあって、健気に、天を衝いている瀟洒なビルの数々。「鉄鋼の町」からくる暗くダーティーという先入観は見事にはぐらかされた。

降りてみてもそうだった。新時代への脱皮に懸命になっている勢いからでもあろうか、想像していたより街ははるかに明るく清潔で、そしてシックであった。気がついてみれば、人の歩き方もニューヨークなどに比べて一段とゆるやか。話される言葉にも同様ののびやかさと落ち着きがあるようである。そのニューヨークから、ほんのひとっ飛びの距離でしかないのが不思議にさえ思えてくる。この町なら少しは住んでみたいものだと、この起伏の多い桃源境の人々を、私は大いに羨んだ。

ただし、この嬉しい驚きは、「パイレーツ」の本拠地「スリー・リバーズ・スタジアム」にまで持ち越せるものではなかった。ロベルトの死の二年ばかり前に作られたその球場は、たしかに華麗でかつ巨大。悠然とした川を従え、公園を脇において、その立地はまことに申し分なしである。ただ問題は、その球場内での景観だ。「モントリオール・エクスポズ」とのゲームに集まった観衆はわずかに一万六、七七〇人。五万を入れてなお余りあるその入れ物が実にもったいなく映るのは避けられなかった。その日はたまたま勝ったが、かといって翌日の日曜日に大観衆がつめかけたというわけでもなかった。

シーズン・インしてまだ二ヵ月ほどというのに早くも首位との差十六ゲームというダントツのビリでは、ファンにも力の入れようがなかったのかもしれない。ゲーム差がこれでは、この年の最下位は決定的だったが、思い起してみれば、そんなことはこの年に限られたことではなかった。殊に一九八〇年代に入っての成績はひどく、ナショナル・リーグの西地区という区分の中においてさえ、その順位は三位、四位と六位（二シーズン制）、四位、二位、六位と、五年にわたり、彼らはペナントとは無縁の日々をひたすらに続けているわけであった。

この往年の名門チームが、なぜにナショナル・リーグのお荷物球団になってしまったか、その理由は明らかだ。打撃がことのほか悪いのだ。クレメンテなきあとも健棒をふるっていたウイリー・スタージェルはとうに戦列を去り、ディヴ・パーカーもまたレッズに引き抜かれた。それからというもの大砲の不在は長く続いていた。

球団は新しい得点源を求めて躍起になったが、おいそれとあるわけはなく、トレードの多くは失敗に終った。次に投手陣にガタが来、他のポジションにも選手入れかえの悪い影響が続いた。しかし最大の弱点はというと、攻撃力の不足だった。たまにヒットが続き二点が入った回を「ビッグ・イニング」と呼ぶ観衆は、この町にはもう今後もペナントの来ることはあるまいと、とうに悟り切っているところがある。

このチームの今の魅力はというと、元気いっぱいの捕手トニー・ペイニャの存在だが、彼とてもチームを引っぱり続けるほどの打撃の持主ではない。かくて失点は多く得点の少ないチームに勝利の訪れる数の多いわけはなかった。ロベルトのいた頃のようなワールド・シリーズの制覇など、夢のまた夢といったところであろうか。

ここにおいてもまた、クレメンテは一つのシンボルであったと言えるかもしれない。ちょうど、わが国にあっては長嶋茂雄選手が日本の高度経済成長と歩みを同じくし、そのシンボルとして見られたのと同様のことが、鉄鋼の町のクレメンテにも言えそうだった。鉄の時代が去ると共に、クレメンテも姿を消したのだ。彼はラテン諸国の間にあっても特別な意味をもったシンボルであったが、この山あいの古い鉄の王国でも、別の意味での象徴であったと言っておかしくはない。

そう思ってみれば、かつては強かったこの町のそのチームが、今はお荷物球団とまで言われながらも、あえぎあえぎ、それでも名門の意地にかけてこの地にとどまっているのがいとおしくも思えてくる。日本では、かの「西鉄ライオンズ」が、同じく鉄鋼の町をとっくに去っているのであった。

「パイレーツ」球団の広報を受け持つサリー・オリアリさん（アシスタント・ディレクター）は大柄な女性だが、彼女もチームの現状を語るのに身の縮む思いをかみしめているようだ。

「たしかに昨今のうちのチームの戦績に私たちは満足するわけにはいきません。ロベルトのいた頃を知る者にはよけいつらい。それにこのところ毎年、きまってシーズン途中からチーム身売りの話が出る。これは限りなく私たちの心を暗くします。

今もまた新たな身売り話が出ているのをあなたもお聞きになっておられるでしょう。前から何度も噂のあったコロラド州デンバーの実業家が手を伸ばしてきているのです。その人は3Aクラスのプロ・チーム『デンバー・ゼファーズ』の持主で……」

たしかにその話は聞いていた。だが「パイレーツ」が市所有の球場「スリー・リバーズ・スタジアム」との間に交している契約が残っているため、おいそれとは動けないのだと新聞でも読んだ。ならば、少なくともフランチャイズに関してはしばらくの安泰はあるものと思っていたのだが、それは大いに違うらしい。

「一八八七年の昔からこの町にある私たちのこのチームを、百周年を目前にして手離すわけにはいかない。カリギリ市長もチームの引き止めに必死で、現にこの地のいくつかの大企業に協力を求めて奔走しています。かなり悲観的な人もいるのですが、しかし私たちはまだ希望をもっています。

観客動員数は、たしかにひと頃よりは減っています。しかし今、少なくとも一万人以上のファンを連日呼べる大衆娯楽といえば、やはり『パイレーツ』の野球以外にはないではありませんか。フットボールなどとは、まず試合数が違う。

町に大リーグのチームがあるということは、そこが大都市であることを示す何よりのステイタス・シンボルなのです。『セネターズ』なきあとのワシントンの寂しがりようをごらんなさい。数万枚のシーズン・チケットを売ってまたチームを呼ぼうという運動があるじゃないですか。あの二の舞はしたくない。今、私たちに出来ることは、今あるチームを擁立すること。それを容易にするために、まずわが球団には強くあってほしい。そのための努力を私たちは大いにしているんですよ。

ベィニャの明るさ、その人気……これは私たちの誇りであり希望です。あのようなプレーヤーがどんどん出てくれれば、またもや人気は盛り返せるでしょう。それにあの新人カリーファ。マイナーから引き上げられたばかりだというのによくやっているじゃありませんか。きのうは大リーグでの初めてのゲームで長打を含む三安打でしょう。父親がエジプト人、そして彼自身もエジプトで育てられたこともあって、マスコミはこのことの方に興味を示すけど、力も相当にありそう。ほかにも有望な選手は多いのですよ。みんなにがんばってもらえばピッツバーグが大リーグ・チームを失うことはないのです――」

サリーさんは一気にそう言うと、強いて大きく優しい笑みを作り、そしてみずからの話にさらに念を押すように大きくうなずいた。彼女の事務机の横の壁面には、三、〇〇〇本安打を放った時のロベルトの写真があり、サリーさんへの感謝の言葉と共に彼のサインが読める。

それに私が気づいていることを知ると、彼女は少し声を落としてではあるが言葉を継いだ。

「ロベルトは本当にいい人だった。もちろんいいプレーヤーでもあったけれど、その前にいい人間だった。私が少しでも疲れた表情をしていると、〈オヤ、どこか悪いの？　大丈夫？〉って聞いてくれて。私は彼の時代から一貫して広報を担当していますが、彼がどれだけ私の仕事をやさしくしてくれたか分らない。それに彼の励ましの言葉がどれほど私の力になっていたか。今だって仕事の上での困難に出会うと、私はよく彼の言葉を思い出すんですよ。――〝がんばって。がんばって。元気出して〟」

ロベルト・クレメンテ選手がどれほど気の優しい男であり、どれほどの刺激を人に与えていたかは、彼を知る多くの人の説くところだ。特にサリーさんの思い出話に他ときわだった差はなかったのだが、仕事が仕事、彼女の開く広報パンフレットには驚くべきことが多い。

先に記した「クレメンテ賞」への候補者が、どれほどの背景をもって送り出されていたものかが分ったのも彼女のお蔭だった。「社会への報告書」（Report to the Community）と題されたパンフレットにあるものの紹介だけでも相当のページ数が必要となるだろう。ここでは、詳しい説明は省き、選手名とその個々の活動が向けられているところを簡略に表記することにするが、それでもこれだけの多さ。一、二行でまとまるものではない。

●デイル・ベラ……嚢胞性繊維症基金、小児科病院
●ジョン・キャンデラリア……アメリカ癌学会
●ラニー・フラテア……六五本の会バラの会（委員長）、マーチ・オブ・ダイムズ、グッドウィル・インダストリーズほか
●ダグ・フローベル……嚢胞性繊維症基金
●ダン・ガルブレス……ピッツバーグ商工会議所、州間水路開発団
●ブライアン・ハーバー……ベースボール・チャペル
●リー・レイシー……鎌状赤血球学会
●ビル・マドロック……六五本のバラの会（名誉会長）、アレゲニ癌学会、小児科病院
●ミルト・メイ……サマセット郡イースター・シールの会
●ダグ・マッコーミック……スリパリーロック大学、セントフランシス大学、スキーパトロール団
●ラリー・マックウイリアムス……小児科病院、ファミリー・ハウス
●ジム・モリソン……アメリカ癌学会、イースター・シールの会
●ジョー・オーサラック……ファミリー・ハウス
●ジョー・オトゥール……ダパー・ダム（理事）
●トニー・ペイニャ……小児科病院

●ハーディング・パターソン……ダパー・ダム
●ジョニー・レイ……鎌状赤血球学会
●リック・ローデン……筋ジストロフィー協会、イースター・シールの会、シュライナーズ身体不自由児の会
●ドン・ロビンソン……小児科病院、イースター・シールの会
●ジム・ルーカー……多発性硬化症治療促進会、六五本のバラの会、スペシャル・オリンピック、ウェズリー研究所
●ジョン・サンダース……ボーイ・スカウト（委員長）、イースター・シールの会（理事）、親子指導センター、小児科病院ほか
●ジャック・シュロム……新動物園友の会、ファミリー・ハウス（理事）
●ボブ・スキナー……イースター・シールの会
●チャック・タナー……小児科病院（募金委員長）、心臓学会
●ケント・テカルヴィ……小児科病院、重症筋無力症研究所、職業安定所、アメリカ癌学会ほか
●ジェイソン・トンプソン……脳性小児麻痺協会
●ジョン・チューダー……ボーイ・スカウト（連合副委員長）
●リー・タネル……ビッグ・ブラザーズ&ビッグ・シスターズの会

●マーヴェル・ウィン……アメリカ癌学会

これが「パイレーツ」という一球団内の話なのである。

この年、球団のノミネートを受けて候補となっていたビル・マドロックは、これらすべての代表であったということになる。そしてそれは、この「パイレーツ」に限らず、すべての球団において同様だというのである。

劣勢にある「パイレーツ」が、それでも大リーグ・チームの名誉にかけて、その義務と責任を果そうとしている姿勢には胸打たれざるを得ない。

14 セルフ・ヘルプとオブリージュ

これまで述べたように大リーガーたちが、ごく日常茶飯事的にそれぞれが社会への働きかけを行っているという事実は、日本の場合と考え併せてみると殊に驚くべきことのように思えてくる。

同様の例が日本においては皆無だとは決して言えないけれども、その量と質のいずれにおいて、大きな隔りのあることは認めなければならないだろう。何しろ、名声が高まれば、まずそれをもってテレビ・コマーシャルに利用しようとの発想の多いのがこちらの実態だからである。それも、もっぱらがおふざけに徹したような、矜持もなければ誇りもないものであるのはどうしたことか。

その違いを言うなら、それは以前からそうだったのかもしれない。よく知られたところでは、ベーブ・ルースのあの「約束ホームラン」のことがある。よく書かれ、また映画の中にもあったこの話、たしかにいくらかの脚色は施されているものの、その事実はまさにその通りなのであった。一九八六年三月号の「ベースボール・ダイジェスト」誌に、今や七十歳になった「ジョン少年」（ジョン・シルヴェスター氏）の談話が出ている。

それによると、その一件は一九二六年に起っている。当時十一歳だったジョンは馬から落ちて大怪我をし、のちに骨髄炎を引き起こした。ベーブが彼を見舞ったのはその時のことだというが、ホームランを約束し、そして打ったのは、よく言われるようにワールド・シリーズのゲームの時のことではなくて、それより二週間後の水曜日のゲームであったとのこと。なんでも、身体の不自由な子供たちを招いて試合を行う日であったのだが、そのゲームを見にさえ来られない子供たちを彼は試合前に訪問していた時のことらしい。

ところで、こまかいところの差異がどうであれ、そのジョンの話で驚くべきはベーブのことのみではない。ジョンの負傷と発病のことが伝えられた時にすぐに寄せられたという援助の大きさについてである。言うまでもなくベーブはスーパー・スターであったから、彼のことのみが大きく伝えられるが、そのホームランよりも前にレッド・グランジなるフットボール選手がサイン入りフットボールを少年に贈っているし、有名なテニスのプレヤー、ビル・チルデン選手は、ウインブルドンまで持って行ったというラケットを、手紙と共にその子に送っていた。そればかりではなかった。ベーブの僚友、同じ「ヤンキース」のルー・ゲーリッグは、そのワールド・シリーズのあるゲームにおける最終アウトの時のボールをそのまま試合場から持ち帰り、少年に届けていたというのだ。

これらの話のすべては、最大のショー・マン、ベーブ・ルースの華やかさの蔭にかくれてしまって全く語られもしなかったが、受けた本人が言うのだから間違いはないだろう。

ところで、今まであげてきたのは選手個々のコミュニティ・サービスの話だったが、同じ働きは球団全体にもある。これは個人の場合よりさらに目立ちにくいから多く語られることはないが、大きな貢献を地域社会に対して行っているのであった。サリーさんからもらったパンフレットを材料に、その例をやはり「パイレーツ」から引いてみたい。

まずは「ウインター・キャラバン」と呼ばれる計画がある。それは十一月から二月までの間の一週間か二週間、選手の何人かでキャラバン隊を作り、三つの州にわたって学校訪問や病院訪問を続けるものである。場所によっては野球教室の開催ということもあるようだが、同時に十回の昼食会も催し、収益をその地の施設に寄附している。ほかにも、ガン撲滅活動への協力とか、身体障害者への援助等々、多くのことがあり、とてもそのすべてを詳しく語ることはここでは不可能である。

重要なことは、時代の波をまともに受けて、その地での存続が危ぶまれている「パイレーツ」にしてこれだけの"義務"を果しているということで、さればこそサリー・オリアリ女史は、このチームをピッツバーグは離しはしないだろうと、ある確信をこめて言っていたのかもしれない。

言うまでもないことだが、右にあげた活動は、決してこの弱体球団に限られたことではない。もしもここに、そのすべてのデータを並べようとするなら、それだけでも十分に一巻の書物にはなるだろう。

気づいたところのみをあげるとしても、「シアトル・マリナーズ」による「ハッチンソン癌研究所」への強力な援助【注5】、「オークランド・アスレチックス」が積極的に行う「ブック・ドライヴ・デー」や「フード・ドライヴ・デー」【注6】、「レッズ」が行った「エクシビション・ゲーム」などが、チームぐるみの活動の好例だろう。この「レッズ」の例などは、日本の関係者なら、同様の話がもし起これば目をむくところではないか。

一九八五年五月九日——といえば勿論シーズン途中のことだが、この「レッズ」は本拠地リバーフロント・スタジアムで「デトロイト・タイガース」と試合を行っていた。「タイガース」は前年度のワールド・シリーズのチャンピオンで、アメリカン・リーグに属する。こちら「レッズ」はナショナル・リーグの加盟だから、この時期でのこの組み合わせは不思議に思われるに違いない。しかし、事実は事実。タネを明かせば話は簡単である。

「レッズ」は、地元シンシナティの少年野球の振興のための資金集めに「タイガース」を招いて「エクシビション・ゲーム」をしていたのだ。公式試合の日程の合間に、こうした非公式の興行試合をすることは、アメリカにあっては特に珍しいことではない。ペナント・レースのために選手を休養させる必要を考えないはずはないのだが、地元へのサービスもまた欠かすことのできないものと彼らは考えるのだ。その招待に応じる方もまた大変ではないか——といっても、大リーグ・チーム同士は相身互い。協力し合うのが当然ということだろう。

入場券の印刷からゲームの進行まで、すべて「レッズ」の犠牲においてなされ、この試合の収益はすべて青少年のもとに還元された。これまでに、こうしたゲームにより「レッズ」が行った寄附は二〇〇万ドルを下らないという。

こういったことが、アメリカの野球界には横溢してあって、同じ球技をしているわが国のそれにあまり見られないのは何故なのか——。選手個々の場合に限らず、球団全体としての話に引きのばしてみると、その差はさらに大きく思われるのだ。

先には示さなかったが、「サンディエゴ・パドレス」は選手によるチャリティー活動で年間約二五万ドルの利益をあげ、それを地域に提供しているし、「テキサス・レインジャーズ」は地元の教育委員会と手をつないで学校からの麻薬追放に乗り出した。

いや、もっと分りやすい例があった。一九八五年、日本のプロ野球界にはひときわ大きな熱狂が起った。「阪神タイガース」が二十年ぶりの優勝を果したからである。その人気をあてこんでの便乗商法がさまざまな形であらわれ、〈タイガース・マークのついていない商品は楊枝のみ〉と言われるほどに多くの物にチームのシンボル・マークが付され、商売に利用された。ファンというのは優勝の記念品となると欲しくてたまらないものだから、それらは非常によく売れたらしいが、そこに球団による何らかの精神的態度が表わされていたかというと、それは全くない。

同じ一九八五年、アメリカはナショナル・リーグでの優勝チームは、これも古豪の「セントルイス・カージナルズ」であった。彼らがその優勝フィーバーの中でやったことは何だったか。球団は優勝記念のプレーク（銘板）を作った。そしてそれを一個三〇ドルで売ったのである。プレークは木目入りの台にプレーヤーを形どったブロンズ（青銅）像がはめこまれている立派なものだったが、注目すべきはそのことなのではない。彼らはその販売であげた利益をそっくり差し出して、二つの機関に寄附したのである。一つは、慢性病に悩む子供たちを収容して治療を行っている「セントルイス・マクドナルドの家」(Ronald McDonald House of St. Louis)、あと一つは「アメリカ白血病学会」へであった。

このように並べてみると、同じ野球の世界とはいっても、どうやら私たちのものとは随分と違った精神がアメリカ球界にはあることがいよいよはっきりしてくる。その差は野球そのものの相違より、むしろ大きいとさえ言えるかもしれない。この差は一体何なのか。彼らにはあって私たちには欠けるのは何か。

事例をもとに考えてみて、まず思いつくのは「セルフ・ヘルプ」("Self help") と呼ばれる精神のことだ。直訳して「自助」といって紹介されてきたものである。個人あるいは団体のいずれを問わず、それぞれが自分にできる範囲において周囲に対し、何かをなす務めがあるとする精神は、平易な言葉だが、なるほどズバリとその核心を言い得ているものだ。

思えば、その機能は、最も古い時代からそこには旺盛にあるものだった。セルフ・ヘルプのない社会は非常に危険なものであることを彼らはその歴史の初めから感じていたのであろう。危険といったのは、「自助」の心のないところは必ず「他助」の侵入を許さずにはおかないからであり、また「自助」の精神の喪失はそのまま資本主義の崩壊につながるという意味においてである。

早い話、あることにより、十分の利益をあげたものが、自助の精神に基づいてその環元をみずから図るとき、国家による「富の分配」は起りえない。その必要がないとされるのだ。「自助」が機能しなくなったときにこそ、国がその制度の上からの統制を行うことが現われ出ることを彼らは知っており、またそれを最も恐れていることを、これは示してはいないか。

「ロベルト・クレメンテ賞」が、野球界の一つの賞でありながら、非常に大きな社会的意義をもつと思われるのは、これが彼らの中に今もある「自助」の精神をつねに確認させるものとなっているからであり、同時に次代の者に対し同じ精神の拡大再生産を促すものとなっているからである。

その意味で、ロベルトはアメリカ本土にみずからが企てた以上の遺産を残したと言えるのではないだろうか。彼の念頭にあったのは、まずはその祖国の島であり、それに対するリーダーとしての義務感であった。が、結果として彼がアメリカに残したのは、ややもすれば薄れがちとなっていく傾向にあったこの国の古来の美徳の再確認とその進展なのだった。

カリブ海出身の「褐色の天使」のノブレス・オブリージュと、アメリカ古来のセルフ・ヘルプとが結び合ったもの——それが「ロベルト・クレメンテ賞」だと言えはしないだろうか。

15 オール・スター・ゲーム

一九八六年七月十四日朝。

テキサス州ヒューストンにあるハイアット・リージェンシー・ホテルは、すでに「オール・スター・ゲーム」を翌日にひかえた興奮の高まりの中にあった。

日本においては複数回行われる「オール・スター・ゲーム」だが、アメリカにおいてはただの一試合。一九三三年に始まったこの夏の恒例行事は、この年で五七回目を迎えた。途中、一九四五年には戦争のため中止とされたり、五九年からは四年間にわたり二試合と変更されたりしたが、その他の年にはすべて一試合が行われたのみである。

この年の舞台は、ヒューストンとあらば言わずもがな、屋根つき球場「アストロドーム」である。出場選手、その家族、その他関係者および報道陣のために、市中にて隣接する二つの大ホテルが確保されていた。そのうちのメインとなっているのがそのホテルというわけであった。大会本部もあればコミッショナー・オフィスもあり、その上報道陣の仕事場までがあっては、いくら一日前とはいっても既に雰囲気は野球一色となっていたのも当然だった。いや、もっと正確に言うなら、そのムードはこの日よりさらに一日前の十三日の日曜日から始まっていたのだった。古いスターたちを集めた「オールド・タイマーズ・オール・スター・ゲーム」が同じアストロドームで開かれ、ファンを大いに喜ばせたりしていたからだ。

十四日、いよいよ午後からは両軍選手による練習が同球場で行われる予定である。これは観客を入れて行われるものだが、そこでは練習のほかにホームラン競争や外野からの連係プレー競争も行われるというので、ゲームに寄せるものとはまた別の興味もあってか、これも人気の高まりを呼んでいるようである。が、その前に一つ、重要な行事が午前十一時から大会本部の置かれているそのホテルの三階「インペリアル・ボール・ルーム」で持たれることが発表されていた。

リーグ代表者、選手代表者、監督などを集めての総合記者会見というわけだったが、行われるのはそれだけではなかった。一九八六年度の「ロベルト・クレメンテ賞」の贈呈がそこでなされるというのである。従来、シーズン・オフの間にフロリダ州マイアミで行われていたそのセレモニーが、この年からオール・スター戦の時期に変更されたのはなぜか。どうやらそれはコミッショナー、ピーター・ユベロス氏の発案によるものらしい。(注・現在ではワールドシリーズの途中で行われる)

ユベロス氏と言えば、ロサンゼルス・オリンピックを成功させたことで一躍有名になったが、その直後に彼はアメリカ野球界に招かれコミッショナーとなっていた。持前の辣腕で彼が野球界に山積していた問題を次々とさばいていったのはよく知られるところである。ストライキの回避、球界からの麻薬の追放運動はこの新コミッショナーの懸命の努力なしには成功しなかったはずだ。

このユベロス氏が野球界に投じたまた新たなアイディアが、「クレメンテ賞」の授与の日時と場所の変更だった。この賞を非常に重くみた彼ユベロスは、贈呈のためのセレモニーがシーズン・オフなどに、それもあまり目立たない場所において行われることを好まなかった。球界最高の人物にというのなら、それはもっと脚光を浴びる形で贈られてもいいのではないか。こんないい賞のことはもっと多くの人々に知られてもいいのではないか。彼はそう考え、それにふさわしい舞台として年に一度の「オール・スター戦」の前日の記者会見をそのセレモニーの場として選んだというわけである。

それはいかにも彼らしいやり方といえた。なぜなら、彼は野球が国技であることの意味をこの上なく重大に考える男だからである。例の麻薬追放運動の時だってそうだった。彼が自分の最大の使命としてそれに取り組んだのは、野球を通してアメリカ全体をよくしていこうとの考えに徹したからだった。言いかえれば、それだけ深く野球界も麻薬に侵されていたということになるが、これもまた社会の一部、例外的に清潔な世界ではあり得なかった。

野球が国を代表するスポーツであるというのなら、まずここからアメリカ浄化の運動を広げなければならないとユベロスは考えた。もし野球界が健全な姿を世に示せば、必ずや他のスポーツ界がそれに従い、それを真似て同じ運動を起すだろう。フットボール界がそうなれば、ボクシング界もそうするだろうし、バスケット、ホッケーなどにもそれは波及するだろう。古くから野球界がリーダーとしてお手本を示してきたことは多いのだ。

——私たちが最初のドミノになろう。野球界が最初の一枚になって、社会に麻薬追放のドミノ現象（将棋倒し）を起そう。

そう言って、各球団に対し選手からバットボーイに至るまでのドラッグ・テストを要請したのは、外でもないこのコミッショナーなのだった。

時間が近づき、「インペリアル・ボール・ルーム」に人が集まり始めた。テレビ報道陣、カメラマン、記者たち……そして最後にこの日の主役たち、プエルト・リコからの一団もその中にあった。彼らの島で会っている限り、その肌の色をそう意識することもなかったが、こうして白人たちの中で見ると、たしかにその色の深さに驚かされる思いがする。

ヴェラさんにつき添って、ロベルト・ジュニアも来ていた。それにあの見事なまでにツルツルのボールド・ヘッドはルイス・マイヨラル氏のものではないか。彼らと会うのはお正月のミサの時以来である。ルイスがまずこちらを認めて声をあげ、ロベルトが手を振った。「スポーツ・シティ」の新しい理事に就いたばかりのペドロ・パレス氏をも加えたこの一団は、その恒例の夏の行事に新たな話題を提供するものとなっていて、早くも何人かの人々に取り巻かれるところとなっていた。

やがて主役であるオール・スター関係者、それにヴェラさんと今年の受賞者たちが壇上のテーブルに並び、正式の会見が始まった。両リーグの代表者の挨拶、監督からの選手名の発表のあと、ファン投票で最多の票を得たダリル・ストロベリー選手（メッツ）が感謝の言葉を述べた。次に両軍の先発投手がマイクの前に立った。

まずはナ・リーグの投手ドゥワイト・グッデン（メッツ）。それからア・リーグのロジャー・クレメンス（レッドソックス）に質問が向けられた。

――〔グッデン〕アストロドームで投げるのをどう思うかって？　ここは私にとっても特別なところで……。大リーグでのデビューが一九八四年、この球場だった。初めてのオール・スター出場をここでできるのをうれしく思う。相手投手クレメンスの投球ぶりはテレビで見てよく知っている。十四勝無敗というのはたしかに凄い。プレッシャーも大変だっただろうけど、それに打ち勝っての連勝、心から讃辞を送りたい。

――〔クレメンス〕私は出身がこの近くだから、切符をほしがる者が多くて大変だった。やっと五〇枚を何とか手に入れたのだけど、その手配を知人のみんなに頼んだ始末。このアストロドームで投げたことは一度もないが、二日の休養のあとだし明日は楽な気持で登板しベスト・ピッチをお目にかけたい……

などといった話があって、そしていよいよ「クレメンテ賞」の贈呈である。司会者による紹介と説明ののち、ヴェラ・クレメンテが壇の中央に進み出た。受賞者は「フィラデルフィア・フィリーズ」の外野手だったゲイリー・マドックスだった【注7】。

彼は十五年にわたる大リーグ生活のあと、五月に引退したばかりである。チーム内での選考の時点で現役選手であったから資格があったわけである。通算打率二割八分四厘のこの黒人強打者は一九〇センチの長身をシックなスーツに包んで、これも舞台の中央に進み出た。

受賞の理由の中心は小児科診療への長年にわたる尽力にあった。殊に、精神に障害のある子供たちを治療している Philadelphia Child Guidance Clinic への支援は大きく、九年間に彼が推進して集めた金の額は七〇万ドルにのぼる。名士を招集してのボーリング大会を開くなどして集めたものである。もしも彼がいなければ、一九二五年から続いているそのクリニックが今に存続していたかどうか怪しいとまで言われる。昨年もこの賞の候補に名をあげられながら、最後に受賞の名誉をドン・ベイラーに譲っていた。

「ゲイリーはチャリティーを行うにしろ、単に名前を貸すだけということはしない。その診療所のことにしても、彼は家族と共に数えられないくらい多く時間を捧げたが、それも資金集めにとどまらず、その子と家族の生活の向上のため、あらゆる方策にわたっている。ゲイリーは大リーグにおける最も優れたジェントルマンの一人であることは確信をもって言える」という球団社長の言葉が示す通り、彼は夫人や子供ともどもに地域へのサービス活動に励んでいたらしい。黒々とした頬ひげ、大きな手足を見れば怖くもなりそうだが、気は至って優しく、性格も地味なようだ。舞台に立っても、むしろ身の置きどころに困っている様子で、神妙なことこの上ない。
ボールを形どった金色のトロフィーの贈呈に先だって、ヴェラ・クレメンテがマイクの前に立ち、ゆっくりと、しかしはっきりとしたスペイン語でスピーチを行った。ルイス・マイヨラルに聞いて、やっと意味が分った。

「アメリカ野球界がこのような賞を亡き夫ロベルトの名において設けて下さっていることを名誉に思います。またこの賞をゲイリー・マドックス氏という立派な人物に授ける役をおおせつかったことをうれしく思います。これを通じて、多くの人々が、殊に子供たちが、社会への信頼と、みずからの人生の指針を得てくれれば、何よりうれしい。ここにこういう場を設けて下さったコミッショナー、ピーター・ユベロス氏にお礼を言いたい」

ゲーリー・マドックスの受賞の弁も、これと同様にそう長くはなかったが、ゆったりとしていて心に沁みるものであった。

"Thank you, Mrs. Clemente, Mr. Commissioner, ladies and gentlemen of the media. It is an honor and indeed a pleasure to receive this award. I know what Roberto Clemente stood for on and off the field. There are so many people to thank, but first of all I would like to thank my wife, for without her support none of this would be possible. I would like to thank the Phillies organization, the best organization of baseball. I am happy to be here and accept this award, and once again, thank you."

（クレメンテ夫人、コミッショナー、それに報道関係の方にお礼を申し上げる。この賞を受けることは名誉であり、大きな喜びだ。ロベルト・クレメンテが野球場の内外において示したものを私は知っている。感謝を捧げるべき人は実に多いが、まずもって、私は妻に感謝したい。彼女の支援なしには何も可能ではなかったからだ。私はまた球界で最高の球団である「フィリーズ」にも感謝したい。今ここに来て、この賞を受けることを幸せに思う。重ねてお礼を申し上げる）

スピーチが終って場内が拍手に包まれた時、後方の壁ぎわにいた小柄なソンドラ夫人がそっと人の蔭に入るようにしながら拍手の渦に和しているのが印象的だった。

マドックス氏その人、それにプエルト・リコからの一団とゆっくり話ができるようになったのは、相当の時間のあとである。セレモニーは終っても、まだ多くの報道関係者が彼らを取り巻いていたからである。

ゲイリー・マドックスはその人生を振り返り、自分がいかに幸運に恵まれた男であるかを語った。野球における賞以外にも、フィラデルフィアの「ヤング・リーダー賞」（一九八四年）とか、同市のスポーツ記者たちからの推薦を受けて「第一回人類愛賞」（一九八六年二月）を受けているが、今度の受賞にさらに感動したと彼はくり返す。

"It's a great honor, because my teammates nominated me and because of what Roberto Clemente stood for. I look at my own life. I've had a good career, healthy children. I've been given so much. I want to put something back. It's only natural."

（チームメイトが私を指名してくれたのだし、ロベルト・クレメンテの表わすところのものからいって、これは大変な名誉だ。私は自分の人生を見つめて思う。私は健康な子供たちにも恵まれ、いい人生を送ってきたものだと。私は（社会から）多くのものを受けてきた。何かでそのお返しをしたい。それは至極当然のことだ）

なお、彼はベトナム戦争で従軍していた頃、一時期日本に滞在したことがあるとのこと。心のなごむ日々だったと言ってほほえんだ。

ヴェラさんの切り出した話というのが、例の「スポーツ・シティ」のことに及んでゆくのは当然だった。なんでも、お正月以来のわずか約半年の間にも、かなり大きな進展があったとか。そう言えば、一時は終ったものとされていた大リーグ・チームによるサンファンでのゲーム「クレメンテ・シリーズ」が、新コミッショナーの指導のもとに再開されることになったことは聞いている。これによって大きな収益がここにもたらされるだろうが、テレソンによる効果も年を追って拡大されているとか。

「政府からの助成金も年に七万五、〇〇〇ドルへと増額されましたし、それに銀行からの協力もこれまでになく大きくなりました。やがて記念館も完成するでしょう。プールが出来上るのも間もなくです。この夏には六、〇〇〇人以上もの子供たちがやって来ます。みんなをどう楽しませるかで私の頭はいっぱい。忙しくしている割には身体の方が一向にスマートにはならなくて困っているのですけれど……」

ヴェラさんは本当にうれしそうだった。理事の一人でもあるルイス・マイヨラル氏は、いかにも彼らしい慎重な口ぶりで、なお不満として残る計画のあれこれを語るが、親友ロベルトが描いていた以上のものが出来上ることには確信を持っている。

「利用者負担をゼロにして運営してゆく困難は初めから覚悟の上だったのだが、どうやら成功への見通しはついたと思う。わずか二五マイルしか離れていないところに『オリンピック村』が作られることで心配もしたが、それも問題ではないことが分った。私たちはロベルトの理想のままに推し進めていけばいいのだ。来年三月にもう一度会おうよ。努力の成果を君にもはっきり見せられると思うのだ」

マイヨラル氏は語るにつれて、段々に自信のほどをあらわしてきた。その話に合づちを打ちながらも、もう一つ意気が上らないと見えたロベルト・クレメンテ・ジュニア君。聞けば、この六月にてついに「パドレス」を退団したとのこと。あれだけの熱意に裏打ちされながら、打率二割二分九厘では大リーガーへの夢も持ち続けられなかったものらしい。

「お父さんに負けない立派な人生は野球以外にいくらでもあるよ。落胆せずにがんばってくれ」と言うと、意外に明るい顔で彼はこう答えた。

「分ってますよ。ぼくはやるだけやったから。これでサッパリした。これからは大学へ行き、広告宣伝関係の勉強をしたい。がんばりますよ」

さわやかなものである。勉強の方でも思い切りやるだけやって、やがては母親を助け、「スポーツ・シティ」の仕事に携わることもあるであろうか。いずれにせよ、今の彼に一時の落胆はあっても、あの若さと真剣さだ、すぐにも新しい道を元気に歩み始めるだろう。

翌日は七月十五日、オール・スター・ゲームの日であった。誰が打って、どのようなゲームになるかという興奮に満ちた話題の合間に、ここにもいくつかのこぼれ話があった。このゲームに出場するマイク・シュミット三塁手（フィリーズ）、それに出場していないがこれも人気の高いレジー・ジャクソン外野手（エンゼルズ）の二人が、このオール・スター・ゲームのテレビとラジオの放送を通じて、コカイン撲滅の訴えをすることが、コミッショナーから発表されたのだ。

"Cocaine : The big lie"（コカイン・大きな偽り）と名づけられたその運動は、すでに三月から国中で広められてきたものであったが、アメリカ大リーグ野球はこれを促進するために、その最も華やかな舞台を提供したわけである。コマーシャルに回せばおよそ二〇〇万ドルの収益のあるところを、あえてそうはせずに、より有効な効用に供しようというのである。国技の名にかけても、大リーグをドミノの最初の一枚にさせようというユベロス・コミッショナーの意気ごみが、ここにも表われていた。

かと思えば、アメリカン・リーグはこのオール・スター戦に際し、癌に苦しむ子供たちを救おうとしているボランティア組織"Sunshine Kids"（サンシャイン・キッズ）に対し五万ドルの寄附を行うことを発表した。

「ブレーブス」の強打者デイル・マーフィについてもトピックは起っていた。重病の子供たちにその夢をかなえさせるのを目的とした財団（The Chikdren's Wish Foundation）では一人の子供をこのゲームの観戦に連れてきていた。アトランタ州アラバスターに住むディヴィッズ・キッツ君（五歳）である。彼は嚢胞性繊維症に苦しむ身であるが、夢かなってこのオール・スター戦を見にこられて、もうそれだけでも大喜びしていたのだ。お気に入りのプレーヤーを聞かれて、その子が名指ししたのが自分であったことをグラウンドに来て初めて知ったデイル・マーフィー選手は、ただちに両親と共にいる彼の座席の方に向い、デイヴィッズ君に呼びかけた。そしてフェンス越しに抱き上げると、練習前のフィールドに連れ出しベンチにも坐らせた上、自分のかぶっていた帽子やサイン入りボールなどを与えて彼を感激させたのだった。

あれやこれやの話題の高まる中、アストロドームに人は満ちて、時に午後七時三十五分。ナショナル・リーグのエース、ドゥワイト・グッデン投手の手から第一球が投じられた。アメリカン・リーグの先頭打者カービー・パケット（ツインズ）がバットを一振すれば、白球はファンの大歓声を浴びて見事センターへのヒット。ゲームは始まったのだ。

＊巻末資料＊

【注1】

ロベルト・クレメンテ生涯記録

年度	試合数	打数	得点	安打	二塁打	三塁打	本塁打	打点	打率	刺殺	捕殺	失策	守備率
1954†	87	148	27	38	5	3	2	12	.257	81	1	1	.988
1955	124	474	48	121	23	11	5	47	.255	253	18	6	.978
1956	147	543	66	169	30	7	7	60	.311	275	20	*15	.952
1957	111	451	42	114	17	7	4	30	.253	272	9	6	.979
1958	140	519	69	150	24	10	6	50	.289	312	*22	6	.982
1959††	105	432	60	128	17	7	4	50	.296	229	10	*13	.948
1960	144	570	89	179	22	6	16	94	.314	246	*19	8	.971
1961	146	572	100	201	30	10	23	89	.351	256	*27	9	.969
1962	144	538	95	168	28	9	10	74	.312	269	19	8	.973
1963	152	600	77	192	23	8	17	76	.320	239	11	11	.958
1964	155	622	95	*211	40	7	12	87	*.339	289	13	10	.968
1965	152	589	91	194	21	14	10	65	*.329	288	16	10	.968
1966	154	638	105	202	31	11	29	119	.317	318	*17	12	.965
1967	147	585	103	*209	26	10	23	110	*.357	273	*17	9	.970
1968	132	502	74	146	18	12	18	57	.291	297	9	5	.984
1969	138	507	87	175	20	*12	19	91	.345	226	14	5	.980
1970	108	412	65	145	22	10	14	60	.352	189	12	7	.966
1971	132	522	82	178	29	8	13	86	.341	267	11	2	.993
1972	102	378	68	118	19	7	10	60	.312	199	5	0	1.000
**	2433	9454	1416	3000	440	166	240	1305	.317	4697	269	142	.972

† 3Aモントリーオール・ドジャーズでの成績。11月22日にパイレーツに移籍。
†† けがのため、5月25日～7月3日の間、欠場。
＊ リーグ最高記録　＊＊大リーグ通算

【注2】

この時の「アマチュア野球世界選手権大会」に参加していたのは十六チーム。プエルト・リコ・チームは五位であった。日本も参加していて、成績は十一勝四敗の三位。ただし、第一位のキューバ（十四勝一敗）のあとに、二位がアメリカとニカラグア（共に十三勝二敗）の二チームあり、実質は四位であった。

【注3】

▼一九七四年

この年の受賞者ウイリー・スタージェル（ピッツバーグ・パイレーツ）はロベルトのかつての同僚で強打の人。その活躍はこの前シーズンにおいても華々しいものがあった。

ホームラン四四本、打点一一九、二塁打四三本、長打率六割四分六厘は、いずれも両リーグを通じて第一位となったものであった。ナショナル・リーグのMVPは「レッズ」のピート・ローズ選手に奪われたものの、「サルタン・オブ・スワット賞」（長打王賞）、「メル・オット賞」（ナショナル・リーグのホームラン王賞）、ピッツバーグ地区スポーツ界の「マン・オブ・ザ・イヤー賞」などを受けた。しかし、受賞の理由はそればかりではない。

黒人運動家財団の会長として、彼は特に鎌状赤血球貧血の撲滅に寄与していた。これは黒人にみられる恐ろしい病気で、進行すれば致命的であるが、初期の段階で治療すれば助かるものとされる。スタージェルは、すべてのプロ・スポーツマンに無料で検査を受けさせることを計画した。そして、その費用捻出のために名士ボーリング大会を開催。実行を指揮して効果をあげた。

いかにも長打王らしく、彼の持つ記録には超弩級のものが多い。「ドジャーズ」のスタジアムの場外に打球を運んだのも彼なら（それも二度）、一試合五長打という記録保持者三人のうちの一人も彼である。それでいて人柄はおとなしく、あくまで謙虚である。個人記録よりいつもチームの勝利の方をこそ彼は図る男だった。受賞のことばにも、その人柄がにじみ出ている。

「すべての賞のうちで、私はこれを最高のものと考える。なぜならこれは、いつも他人のために役立とうとしていたあのロベルトの精神を示すものであるからだ。私たちが自尊心を大切に思うのなら、まず他人を尊重することから始めなければならない」（一九七四年四月二十七日）

▼一九七五年

ルー・ブロック（セントルイス・カージナルズ）といえば一九八五年の殿堂入りで、その名も今に私たちの耳に新しい。かつて、「ナショナル・リーグ・オール・スターズ」の一員として来日した時のルーを記憶されている方も多いかもしれない。彼が現役最後のユニフォームを脱いだのはこの一九七九年、日本においてのことであったが、出場によって得た収入のすべてを、日本のある施設に寄附していった。

彼のこの時の行為は、当時にしてもやはり日本側には特別なものと見えて、新聞ダネになったりしたものであった。しかし、彼にしてみれば、社会への奉仕活動はアメリカにおいて長くやってきたことであって、従って、この時も訪問地が日本だからといって、格別なことを彼はしていたのではなかった。

本国において彼が行っていた奉仕の最大のものは、「ルー・ブロック・ボーイズ・クラブ」と呼ばれるものの運営だった。これは、できるだけ多くの子供たちに、スポーツやリクレーションの機会を与えようとするもので、その趣旨においてロベルト・クレメンテの考えた「スポーツ・シティ」と軌を一にするものである。

ほかにも彼は、特に恵まれない子供たちのために、さまざまな奉仕を行ない、「ブネイブリス賞」を受けたり、「マン・オブ・ザ・イヤー賞」をセントルイス青年会議所から贈られたりしている。

「クレメンテ賞」を受けたこの年は、彼にとって大リーグ入り十四年目。合計二、三八八本のヒットを放ち、通算盗塁七五三。その九年間のうち八年に盗塁王のタイトルをとり、十連続シーズン五〇個以上の盗塁を記録した唯一の選手となっていた。

受賞前年の一九七四年には、一シーズン最多盗塁大リーグ記録一一八個を達成したばかりではなく、一九四安打、打率三割六厘、一〇五得点を残す大活躍を見せた。「スポーティング・ニューズ」誌から「プレーヤー・オブ・ザ・イヤー」に指名され、MVPの投票にも二位を占めていた。

▼一九七六年

一九七五年のシーズンにおいて、ピート・ローズ（シンシナティ・レッズ）は三割一分七厘を打ち、十三年におよぶ大リーグでの通算打率を三割一分としていた。この年のヒットは二一〇本。通算で二、五四七本である。一番バッターという不利な打順にもかかわらず、七四点もの打点をあげたのも立派だったが、両リーグを通じて、二塁打数（四七本）、得点数（一一二）において第一位を占めた。ワールド・シリーズ戦においても打率三割七分の好成績を残していた。

野球場の外では、シンシナティ地区にある数々の慈善活動に加わった。それは地元の大学への援助、病院訪問など多岐にわたった。長年、「スペシャル・オリンピック」にも協力しているほかに、「アメリカ癌学会」の名誉会長、「多発性硬化症治療促進会」のシンシナティ地区委員長をも続けている。

▼一九七七年

ロッド・カルー（ミネソタ・ツインズ）がこの年の受賞者だった。ミネソタにおける「精神的健康協会」の名誉会長としての尽力、慈善団体「マーチ・オブ・タイムズ」への熱意ある協力などが考慮されたのだった。ほかにも、「ミネソタ大学白血病財団」の仕事も引き受けたり、学校や病院を定期的にまわって、青少年を励ましたりもしている。

パナマ出身の好打者カルーは、この年三十一歳。三割三分一厘を打ち、打撃順位の第二位。一位ジョージ・ブレット（ロイヤルズ）との差わずかに二厘であった。これにて五年連続の首位打者となり損なってはいたが、通算打率を三割二分八厘と高めていた。同時に、八年連続三割以上を打つ記録も残した。

▼一九七八年

プロ・レスラーのような体つきのグレッグ・ルジンスキー（フィラデルフィア・フィリーズ）が選ばれた。「毎年この賞の受賞者を一人に決めるのに頭を悩ますが、今年は特にむずかしかった」とコミッショナーが述べた通り、ノミネートされた選手たちの業績は、いずれも素晴らしかった。

その中でも、特にこのルジンスキーに贈られたのには、やはり十分な理由があった。一九七七年のシーズンに先だち、彼は二万ドル分の入場券を買い込み、これを恵まれない子供たちのために使ったのだった。三六試合を数えるホームゲーム毎に、レフト・スタンドの一二六席を確保したのである。その体つきから、「ブル」（雄牛）のニック・ネームを彼は皆から受けていたが、その名をとって、観覧席のこの一部は「ブル・リング」（闘牛場）と名づけられた。この「ブル・リング」はそれから以後も、彼がこのチームにいる限り続けられるものとされる。

もちろん、球場内でも彼の活躍は目ざましかった。打率三割九厘、三九本塁打、一三〇打点。チームをナショナル・リーグ東地区におけるチャンピオンに押しあげる中心的人物であった。

▼一九七九年

アンドレ・ソーントン（クリーブランド・インディアンズ）は一九七七年の十月、自動車事故によって最愛の妻と娘を失っていた。その後は、当時五歳だった長男のアンドレ・ジュニアと共に、神を信じ不幸に打ち勝つべくがんばっていた。

「ショー高等学校」での「クリスチャン・ラリー」の推進者の一人となり、恵まれない人々に聖書を贈ること一、二〇〇冊。ラジオでバイブル放送をしてきたのも、右の事情とは無関係ではなかっただろう。このほかにも、彼は「プロ運動家社会奉仕委員会」のメンバーとして指導的役割を担い、体育大学学生のための奉仕を続けていたことが、一九七九年度「クレメンテ賞」受賞の理由となった。

この年のソーントン、二十九歳。野球の成績をいうなら、前シーズンにおいてホームラン三三本。打点一〇五。堂々たる健棒ぶりである。受賞決定のニュースに、彼は一瞬言葉を失ったそうだが、そのあとの彼の弁はこうだ。

「こんなに嬉しいことって初めてだ。ロベルトがどんな男だったか、私はよく知っている。彼の人生と私の人生とが、ここに接点をもったことに、私は心から感動している」

▼一九八〇年

ナックルボールの名手、フィル・ニークロ投手（アトランタ・ブレーブズ）がこの賞の対象となった。

彼はそれまで、七度も候補者としてノミネートされていたのであった。軍隊に行って時間を失ったこともあり、またマイナー・リーグでも六年を費やしていたこともあって大リーグ入りは決して早くはなかった。しかしその分、年配になっても活躍は長引き、ナックルの妙技は年を経ても容易には効果を失わない。四十歳のこの年、ニークロはすでに幾多の記録に輝いていたが、前年には三度目の二〇勝をも達成していた。

彼の社会に対する貢献については、そのすべてを語ることは容易ではない。長年にわたる「マーチ・オブ・ダイムズ」「ビッグ・ブラザーズ協会」「エンプティ・ストッキング財団」などを通じての献身のほか、「フィル・ニークロ・ロウスツ」なるパーティーを定期的に催し、出産時によく起るとされる脊椎披裂を救うための基金集めに尽力した。

▼一九八一年

受賞者スティーヴ・ガーヴィ（ロサンゼルス・ドジャーズ）は、アメリカ球界屈指の紳士として以前から知られる男だった。のちに「パドレス」に移されるが、彼を失ったロサンゼルスのファンの嘆きといったらなかった。その球歴、人格どれをとっても、彼は間違いなく一流の人物であった。

この年のガーヴィは三十四歳。それまでの八年間のうちの七年において打率三割以上を記録し、通算打率も三割五厘。六シーズン連続してヒットを二〇〇本以上打ったのだから、それも当然だった。それに連続出場記録八三五。一九七四年にはナショナル・リーグのＭＶＰを獲得している。

一九七八年には、打撃十傑の第二位、「オール・スター・ゲーム」においても、この年および一九七四年の二度にわたって最高殊勲選手となった。

球場外での活躍も一口で言えるものではなかった。多発性硬化症救済委員会のスポーツ界における委員長として尽したほか、発声の不自由な人に対する教育、「子供村」活動への協力や「ビッグ・ブラザーズ&ビッグ・シスターズ」運動、「ノー・グレイター・ラヴ会」の活動にも多大の貢献を示した。「クリスマス・シールス」運動には委員長としてリーダーシップを発揮した。

▼一九八二年

ケン・シングルトン（ボルティモア・オリオールズ）は「シクルセル（鎌状赤血球）・サーヴィシーズ協会」のメリーランド州会長をつとめるほか、小児麻痺撲滅のための連合体の会長でもあった。

ほかにも、「スペシャル・オリンピック」への協力、「ニュー・ホウリネス救済団」「ジョンズ・ホプキンズ・チルドレンズ・センター」を通じての奉仕など、活動は多岐にわたる。「カーナン病院」への訪問も続け、その医師たちからも大いに喜ばれている。その一人の言にこうある。

「シングルトン選手の訪問は、入院中の子供たちには薬よりいい効き目がある」

彼はまた、自分の背番号二九にちなんだ「プロジェクト二九」というのを以前から実施していたが、この前年に行っていたのはお年寄りに対する奉仕であった。これは、野球場のスタンドの低い位置にある、老人にもゲームを見られやすいところの六四席を確保。日曜日のホームゲームのすべてに、これを提供した。受賞に際して、彼はこう言った。

「私が『クレメンテ賞』に選ばれるなんて信じられない。他の候補者の方々のやっていることには、どれにも私以上のものがあると思うから。今、野球選手は人々の注目を浴びるところとなった。それだけ私たち選手には社会に報いる機会が多いことになる。またそうするのが義務であると私は思う」

▼一九八三年
受賞者セシル・クーパー（ミルウォーキー・ブルワーズ）六シーズン連続三割以上の成績を残している好打者であるが、コンスタントな仕事ぶりは球場の中ばかりではなかった。「アスリーツ・フォー・ユース（AFY）計画」を考案し、青少年とスポーツ選手との交流を生んだ。ほかに小児癌撲滅運動や腎臓病対策、病院訪問や「スペシャル・オリンピック」への協力など。

「AFY」についての彼の弁と、「クレメンテ賞」受賞の言葉を聞いてみよう。

「『アスリーツ・フォー・ユース計画』は私が好きでやっていることだ。子供たちと話し合うのは、本当に楽しい。彼らはプロの野球選手なんてめったに会えるものじゃないと思っているから、誰もが張り切ってやってくる。そういう子供たちと接触して、私が彼らに何らかの影響を与えられないはずはない。グループのうちの、仮に一人にでも私がいい影響を与えられれば、それでこの計画は大成功と考えていい。

社会から受けたものを、何らかの形で返していくというのは、人間として当然やるべきことだろう。私は自分の納得のためにこうしているにすぎない。

クレメンテ選手は、私たちのこの職業に、魂を吹き込んでくれたと私は思う。彼は身をもってそうしてくれた。彼の名が野球界で永遠に讃えられるのは当然だし、彼の名のついた賞が最も名誉あるものであるのもいうまでもない。もしも私たち皆が、彼の精神にいくらかでも近づくことができれば、それだけでこの世は大きく前進する。野球場の内外を問わず、私たちはそう努力したい」

▼一九八四年
ロン・ギドリー（ニューヨーク・ヤンキース）二〇勝以上を二度——一九七八年（二五勝）と一九八三年

（二一勝）——記録を持つこの左腕投手は、これまでも「クレメンテ賞」の候補にあげられたことがあったが、ついに受賞となった。彼には一人の弟がいる。十六歳歳下で、名はトラヴィス。実はこのトラヴィス君は、発達のおそい少年なのである。

ギドリー投手は、いつもこの弟のことを気にかけていたのだったが、ある日、「僕も障害者オリンピックに出られるようになりたい」との言葉をトラヴィス君本人の口から聞いた時は、とび上るほど嬉しく思った。彼はただちにこの運動への協力を決意し、そして実行に移した。「インターナショナル・サマー・スペシャル・オリンピック」のための資金調達の委員長として先頭に立ち、多くの人々からの援助を引き出した。その功労を認められての受賞だったが、それに際し、彼はこう言っている。

「——私はすでに賞をもらっている。この仕事の中で味わう喜びがそれだ」

【注4】

本文で示した以外に、この年にノミネートを受けていたのは次のプレーヤーたちだった。

● アーニー・ホイット捕手（トロント・ブルージェィズ）

「カナダ腎臓病研究振興財団」の活動に積極的に参加した。子供病院への訪問も数知れず、多発性硬化症撲滅運動にも熱心だった。このほか、身体障害児への慈善事業を営む「カナダ・バライエティ・クラブ」への援助にも並々ならぬものがあった。

●デイル・マーフィー外野手（アトランタ・ブレーブズ）
「慢性遺伝性舞踏病研究振興財団」のジョージア州名誉会長である彼は、「スペシャル・オリンピック」のための基金集めに、バスケット・ボール大会も開催した。麻薬反対の教育番組に出たこともあり、また、シート・ベルト着用奨励のフィルムにも出演した。嚢胞性繊維症の人を救うための「六五本のバラの会」活動にも積極的である。

●ビル・ガリクソン投手（モントリオール・エキスポズ）
「カナダ・アメリカ糖尿病学会」および「カナダ青少年糖尿病研究振興財団」への協力を続ける。一九八二年、ナショナル・スポーツ委員長になって以来、糖尿病撲滅のために大いに尽した。昨年は、三振を一個取る毎に二〇ドルを、この運動に寄附している。

●スコット・サンダーソン投手（シカゴ・カブズ）
シカゴ地区におけるさまざまな組織を通じ、慈善事業の推進に力を尽した。麻薬常習者を救済するための計画にも参加し、特に非行青少年の指導に奉仕した。イリノイ州のスポーツ・チームが手を結び合って麻薬撲滅運動を展開した時は、「シカゴ・カブズ」の代表者として活躍した。

●ランス・パリッシュ捕手（デトロイト・タイガース）
デトロイトにおける「六五本のバラの会」を率いて基金をふやすのに大いに働いた。公共奉仕計画の多くに率先して参加し、中心となって活躍した。若者たちから持ち込まれる依頼にも快く応じ、青少年の健全育成に力があった。

●ロン・オースター内野手（シンシナティ・レッズ）

多発性硬化症、繊維症、筋ジストロフィー等の患者救済基金集めに尽力した。入院中の子供たちを訪れては励まし、大いに喜ばれた。青少年との座談会を通じ、良き市民の育成に奉仕した。

●マイク・イーズラー外野手（ボストン・レッドソックス）

恵まれぬ子供たちのため多くの時間を割いた。彼らを少しでも幸せにできる機会には参加して協力。また病気で悩む子供への訪問も続けている。小児ガンの研究のための「ジミー基金」にも大きな協力を示した。教会の行う奉仕活動や、その他の運動を通じて、公共のため活躍した。

●フランク・タナナ投手（テキサス・レインジャーズ）

テキサスにおける「六五本のバラの会」の会長を三年続け、繊維症に悩む人々の救済に尽している。このほかにもいくつかの奉仕団体の計画に加わり、目ざましい活動を行っている。生涯教育の場や、刑務所へも度々訪問して奉仕した。

●ダグ・デシンセイ内野手（カリフォルニア・エンゼルズ）

昨年で既に五回ものゴルフ・トーナメントを主催し、その収益を「マーチ・オブ・ダイムズ運動」を通して、障害ある子供たちのために寄附し続けている。同運動のオレンジ郡における委員長ともなり、先天的欠損症の子供を救うため、特に力を尽した。

●ジョージ・ブレット内野手（カンザスシティ・ロイヤルズ）

〝ゲーリッグ病〟とも呼ばれる筋萎縮性側索硬化症に悩む人々を救うための基金集めに大活躍した。カンザス大学にある医学センターに寄附。また、彼は母校「エル・セグンド高校」へ、毎年一万ドルの寄附も続けている。

●ジム・ビーティ投手（シアトル・マリナーズ）

「マリナーズ社会奉仕計画」実施の先頭に立った。シアトル地区にいる恵まれない青少年をゲームに招待したり、社会施設への募金活動に精を出した。学校運営への協力も数えきれないほどある。

●ビル・マドロック内野手（ピッツバーグ・パイレーツ）

多くの慈善事業を通してピッツバーグ地域への奉仕に努めている。パイレーツの「六五本のバラの会」会長である。貧血症患者への寄附集めに尽力すると同時に、医療センターへの基金募集を指揮する。健康教育諮問委員会の一人でもある。

●ロン・デイヴィス投手（ミネソタ・ツインズ）

「ミネアポリス小児科病院」「セントポール小児科病院」「ミネソタ大学病院」への訪問を続けている。殊に、発達のおくれている子供たちのために多大の援助を行っている。ミネアポリスの「少年少女クラブ」の活動にも協力した。

●ゲイリー・マドックス外野手（フィラデルフィア・フィリーズ）
「フィラデルフィア小児科診療所」の存続のために何度かボウリング大会を開き、ここ八年間に計五六万四、〇〇〇ドルを集め同診療所に寄附した。子供たちを見舞いによく訪問もし、同時にその家族への配慮もおこたらなかった。

●クリス・コディロリ投手（オークランド・アスレティックス）
オークランド地域の病院への訪問を続けている。三年前、彼は率先してアスレティックスの選手による病人見舞の計画をたて、実施に移してきた。入院中の子供たちに贈物を続けることもしており、さらに老人ホーム訪問にもチームを率いている。

●バート・ブライルベン投手（クリーブランド・インディアンズ）
本拠地クリーブランドにあるいくつかの中学校を訪れてはスピーチを行い、中途で退学しないよう、また麻薬に手を出さないよう訴えてきた。「インディアンズ」の「六五本のバラの会」を推進させ、二年間に五万ドルの寄附をした。

●チリ・デイヴィス外野手（サンフランシスコ・ジャイアンツ）
幼児教育の基金集めのためソフトボール大会を開催。地区の施設に寄附を行った。このほか慈善事業団体の活動に協力を惜しまなかった。脳性麻痺救済機関への援助、「ジェリー・ルイス・テレソン」（慈善のための長時間テレビ番組）を通じての奉仕にも指導的役割を演じた。

●ジョー・ニークロ投手（ヒューストン・アストロズ）

脊椎披裂に悩む人たちのため無私の精神で奉仕した。彼が呼びかけて集めた寄附金は、ここ七年間、毎年一万ドルを下ることはない。慈善オークションも積極的に開き、特別のディナー・パーティーによる募金も行った。

●ピーター・ラッド投手（ミルウォーキー・ブルワーズ）

慈善のための長時間テレビ番組のホストの一人となって募金に協力した。麻薬・アルコールの害について学校でスピーチを行い、若い者たちに健全な生活をするよう訴え続けている。

●フリオ・クルーズ二塁手（シカゴ・ホワイトソックス）

長い間彼は小児科病院に子供たちを訪ねていっては、病気に負けないよう励まし続けてきた。本年新たに「フレッド・ハッチンソン癌センター」への見舞いも始め、患者たちに大いに感謝された。

なお、このクルーズ選手はロベルトと同じくプエルト・リコの出身だが、最終選考で落選となったことに落胆するどころか、自分がその賞の対象にあげられたことに戸惑いながらも感動している。その弁にこうある。

「病院への訪問のことなど、野球関係者はだれも知らないと思っていた。だから、私は名をあげられた時は本当に驚いた。人に知られずにやっているってことが実は気に入っていたのだ。私は祖父母によってブルックリンで育てられた。苦労の中で十八年間も彼らは私の世話をしてくれた。が、その祖母も白血病で倒れ、今はもういない。私は彼女へのお礼返しのつもりで病院へ行くのさ。みんなにニッコリ笑ってもらう。これが一番うれしい。患者の多くは、毛が抜けていたりして実に気の毒だ。子供の患者もいるが腕に注射のあとがたくさんあって、可哀想といったらない。それらの人々を元気づけるのに少しでも役に立てれば私もうれしい。

ロベルトといえば、彼の写真を私はいつも財布に入れて持ち歩いていたものだった。私が最初に手にしたカラー写真というのが、このロベルト・クレメンテのものだったのだ。彼が昔所属していたという（プエルト・リコの）チームで私もプレーしたが、そこに入ったのも彼への憧れの気持からだった。お蔭で今、私もこうして大リーグでプレーする身となれた。彼にはどれだけ感謝してもしきれない」（Press-Radio-TV information より）

【注5】

「シアトル・マリナーズ」のコミュニティー・サービスのうち、「フレッド・ハッチンソン癌研究所」への寄附の方法はこうである。一九八五年のシーズンに際しては「レイニア銀行」の同意をとりつけた。

- ホームラン一本につき………五〇ドル
- 盗塁一個につき……………五〇ドル
- ダブル・プレー一回につき…五〇ドル

- 完封勝利一回につき………一〇〇ドル
- 満塁ホーマー一本につき…五〇〇ドル
- 無安打勝利一回につき……五〇〇ドル

データからすると、およそ二万ドルが癌研究所に届けられるものとされた。球場にあっては、右のプレーが実行され寄附金が加算されるたびに、電光掲示板によりそのことが報告されるから、非常に具体的にその業績を皆が知ることになる。

また、このチームの「月間MVP賞」も、社会への奉仕とは無縁ではない。これは「シーファースト」社と「シアトル・ポスト・インテリジェンサー」社がスポンサーとなって行っていることだが、その内容は次の通り。

「マリナーズ」選手のうち、チームの勝利に最も貢献した者を月に一度、地元スポーツ記者などにより選んでもらう。受賞者がスポンサーから受けるのは、一九八五年の例では、テレビ受信機、レストランへの招待券、それと五〇〇ドル。そしてこの五〇〇ドルというのが本人のポケットに入るのではなく、受賞者の名において、本人の指定するところへ贈られるというわけである。

ほかにも、この球団がやっていることで興味深いことがある。営利を目的としない団体や組織が、その公的活動のために資金を集めるのを「マリナーズ」は最も楽な方法で助けてもいる。これには別段むずかしい手続きがいるわけではない。その団体が非営利のものであることが証明されれば、球団から試合の入場券が委託されるのである。委託されたものは一枚五ドル五〇セントの入場券を、その定価のままに販売する。ただし、球団へはそのうちの二ドル五〇セントのみを渡せばいい。残りを自分たちのものとして活動費に確保できるわけである。委託は試合当日の五日前までで、この時点で余った切符はそのまま球団に返却していいことになっているから、売る方に何の心配もない。

このほか、年配者のための「シニア・シティズン・デー」といって、六〇歳以上の者には切符一枚で一人が入場できる日もあって、入場者の確保と社会へのサービスともうまく合致させているところが目につく。「ドジャーズ」などでは〝ストレートA計画〟といって、成績が全優である高校生に無料入場の日を作っているが、「マリナーズ」では成績を三・二以上としていて、これに該当する者は指定された三試合のうちの二つに、無料入場できる仕組みになっている。

先の切符委託の方法は、他の多くの球団でも行なわれていて、「オークランド・アスレティックス」においてもそれは例外ではない。ただし、ここの場合は定価の半額が販売した団体のものとなるとされている。

【注6】

「ブック・ドライヴ・デー」は、指定された日の入場に際し、本を一冊持参すれば、以後のゲームの入場券を一枚与えられるというもの。球団としては、一回の入場券と古本一冊とを交換するわけだが、これによって集められた書籍は、まとめてオークランド市の公立図書館に寄贈されるから、結局は市民の手に入るわけだ。

「フード・ドライヴ・デー」は、その本がカン詰めになったものと考えていいだろう。指定された日にカン詰めを寄附した入場者に、以後のゲームの切符が球団から贈られる。集められた食糧は同地区の「フード・バンク」あるいは「フード・プログラム」という組織を通じて配布されることになっている。

【注7】

ゲイリー・マドックスが受賞者であったが、各チームから推薦されていたプレーヤーは次の通り。

●ウエイド・ボッグズ（ボストン・レッドソックス）

「ダナ・ファーバー癌研究所」「硬化症学会」への貢献。

●ジョージ・ブレット（カンザスシティ・ロイヤルズ）

筋萎縮性側索硬化症（ゲーリッグ病）撲滅への協力と「エル・セグンド高校」への財政的援助など。ゴルフ大会を開くなどにより基金集めをした。同高校へは、みずからが毎年一万ドルを寄附している。

●ブレット・バトラー（クリーブランド・インディアンズ）

若者をアルコールおよび麻薬の害から守る「ＣＡＲＥ計画」への協力。白血病治療への支援も行い、盗塁のたびにファンから集められる金をもって一九八五年には二万四〇〇〇ドルを超える寄附をこれに向けた。

●クリス・コディロリ（オークランド・アスレティックス）

重病の子供たちを救おうという「キャンプ・グランド・スラム運動」の名誉会長として活躍。夏の読書運動や、行方不明の子供の捜索活動にも大いに力を尽した。チーム内では病院訪問計画を推し進めている。

●ゲイリー・カーター（ニューヨーク・メッツ）
病院への見舞の回数は数え切れないほど。母を奪った病気である硬化症の研究にと三万ドルを寄附。
●フリオ・クルーズ（シカゴ・ホワイトソックス）
「六五本のバラの会」の球団における委員長。球場でのさまざまなイベントにホストとなり地域サービスに努める。「ボーイ・スカウト」への支援も多大である。
●アルヴィン・デイヴィス（シアトル・マリナーズ）
小児麻痺救助のためのテレソンに積極的に参加。高校生向けの麻薬撲滅運動をも指揮した。
●マーク・デイヴィス（サンフランシスコ・ジャイアンツ）
障害者たちの競技大会である「スペシャル・オリンピック」への協力。基金集めに尽力するばかりでなく、競技後の催しにホストをつとめた。
●ロン・デイヴィス（ミネソタ・ツインズ）
病院、託児所への訪問。ほかにも麻薬から子供たちを守る運動にも力を貸した。
●ダグ・デシンセイ（カリフォルニア・エンゼルズ）
身体障害者および経済的に困っている人たちのため、さまざまな計画を通じて尽力した。「マーチ・オブ・

ダイムズ」への協力がその最大のもの。

●デイヴ・ドラヴェキー（サンディエゴ・パドレス）

貧者救済の食糧分配に貢献。小児科病院への訪問。「ベースボール・チャペル」の副委員長としても活躍した。

●レオン・デュラム（シカゴ・カブズ）

シカゴの公立高校の体育に大いに力を貸す。ホームランを打つたびにみずから金を出し、ここ三年間に四万ドルを寄附した。

●グレン・ハバード（アトランタ・ブレーブズ）

血友病患者救済に尽力。若い患者たちをキャンプに連れていくなどの活動も行い、基金集めのゴルフ大会を成功させた。ほかにも「AT&T・ベースボール・チャレンジ」「スペシャル・オリンピック」「マーチ・オブ・ダイムズ」などへの協力もある。

●ヴァンス・ロー（モントリオール・エキスポズ）

チームの「六五本のバラの会」委員長を二年にわたりつとめる。繊維症の子供たちへの見舞も欠かさず、多くの場所においてスピーチも行い活動を盛り上げた。

●チャーリー・ムア（ミルウォーキー・ブルワーズ）

関節炎の治療促進に尽力。「ハイク・バイク計画」を推進し、最初の二年間で一万四、〇〇〇ドルを集めた。「ボーイ・スカウト」への協力も絶大である。

●ジム・モリソン（ピッツバーグ・パイレーツ）

「アメリカ癌学会」への協力。みずからがそのキャンペーン用ポスターのモデルとなる。

●エディ・マレー（ボルティモア・オリオールズ）

母の名をとった「キャリー・マレー野外教室」を主催。ほかにホーム・ゲームには毎回五〇人の恵まれない子供たちを招待。それも今年が五年目である。

●ピート・オブライエン（テキサス・レインジャーズ）

チームの「六五本のバラの会」委員長を三年にわたりつとめる。出席良好生徒をゲームに招待するほか、麻薬退治のためのスピーチを学校などにおいて行った。

●ランス・パリッシュ（デトロイト・タイガース）

「六五本のバラの会」の運動を推進した。

●トニー・ペレス（シンシナティ・レッズ）
多発性硬化症治療への貢献。ほかに癌学会への協力や病院訪問など。

●クレイグ・レイノルズ（ヒューストン・アストロズ）
「フェローシップ・オブ・クリスチャン・アスリーツ」を通じての長年にわたる若者たちへの働きかけ。また「ギャザリング・オブ・メン」なる組織へも協力し、信仰を通じて力を得る方法をスポーツマンに広めた。

●オージー・スミス（セントルイス・カージナルズ）
行方不明の子供を見つけるための運動、「ＬＡＣＦ財団」への協力、みずから率いる「満塁ホーマー作戦」（子供たちのための野球教室）、赤十字社への協力など。

●ボブ・ウェルチ（ロサンゼルス・ドジャーズ）
アルコールと麻薬の害から若者たちを守るための運動に尽力。多くの所でスピーチを行うほか、本やビデオ・テープを寄附した。

●アーニー・ホイット（トロント・ブルージェイズ）
腎臓透析キャンプ促進のためゴルフ大会を三年にわたり主催。身体不自由児のための救済活動や癌撲滅運動への協力など。

●デイヴ・ウインフィールド（ニューヨーク・ヤンキース）

若者たちへの身体検査の促進・大学進学奨学資金への協力。ほかに恵まれない子供をゲームに招待するなどして広く感謝された。

あとがき

今ふり返ってみてまず思うことは、取材に際して私は実に多くの幸運に恵まれてきたということだ。中でもルイス・ロドリゲス・マイヨラル氏の知遇を得たことは大きかった。

彼はロベルトの旧友として、みずからがその El Angel Moreno（褐色の天使）についての最大の情報源であったばかりでなく、他の関連情報のありかを最も正確に知る人であった。おまけに、サンファン市においてテレビやラジオの番組をいくつか担当していることもあって、広報にも絶大の力を示して、私の仕事をやりやすくしてくれた。マラソンにたとえていうなら、彼が先導の白バイ役をやってくれたわけで、私は単にそのあとを気息奄奄として走ったというだけのことかもしれない。

チェック・インの時点では、こちらからの値段の交渉にただの一歩の譲歩も見せなかったホテルのオーナーが、翌日、突然にして態度を軟化させ、隣の部屋も使っていいよと言い出したのも、聞けばマイヨラル氏のお蔭なのであった。「ロベルト・クレメンテのことを知りたいといって日本からやってきた男が、いまこの町に滞在している。名前はナニナニ、風采はコレコレ。どうか親切に接してあげてほしい。ロベルトのことを本に書こうとしているのだ」と、彼はラジオでくり返し言ってくれたのである。

ロベルトのことが日本の人々に少しでも知られることを、彼らはとても喜んでいるのだった。本になって出るのがいつのことか分らないうちから、早くも「クレメンテの光、日出ずる国をも照らす」(Clemente's light soon to shine in Land of Rising Sun) の見出しのもと、記事にしてくれた新聞もあった。

彼らに対する私の責任が、この出版によってまず一つ果せることを、私は素直に喜びたい。残る一つは、日本に「ロベルト・クレメンテ賞」の設置をもたらすことだが、これは私一人の力ではどうにもならない。まずは多くの方々のご理解とご支持を乞わねばならない。

考えてみれば、会社にしろ学校にしろ、半世紀五〇年という区切りには、仮にそれが見事な発展とはいえない場合ですら、何か催し事をやり、記念に植樹の一つもするものである。今や「第二の国技」とさえいわれるようになったわがベースボール、その一つの形態であるプロ野球が正式に連盟をもって発足してちょうど五〇年。途中には戦争もあり、また二リーグへの分立(分裂という言葉は今も関係者は用いない)、さらにはテレビの出現による興行形式の激変という風波にあいながらも、それは着実に成長を続けて今日を迎えた。これに関係する人がその歴史を誇りをもってふり返るのなら、ここに記念樹の一つを植え置くのに何の遠慮がいるだろう。名称はどうであろうとかまわない。その精神を伝える賞の設置を望むばかりである。

今私が最も恐れるのは、私がアメリカ野球を美化しすぎていると取られはしないかということだ。麻薬戦争などにおいても見られる通り、彼らにはわが方にない大きな悩みがある。従って、私の書いてきたことばかりがアメリカ野球の全体像ではないのだが、特に力をこめて導入に加担すべきだと思えないことは、すべてアッサリ切り捨てた結果がこうなったものとご理解いただきたいと思う。

そして、もう一つ。現在の日本プロ野球に、それが本来目的としていることのほかに何の付加価値もないからといって、私はそれをクダラナイとは決して思っていないことも付記しておきたい。娯楽は娯楽として、その目的と用途は完結されてあり、それのみにて十分に世に有用なものであることは承知しているのである。ただ「知らないうちが花なのよ」の鉄則はこの場合もイヤにうまくあてはまるものであって、ロベルトを知り、ドン・ベイラーを知れば、いささかわがヒーローたちの栄光の度合いに違いがあるように思えてきたというのが正直なところである。

いや、実際をいうならば、わがヒーローたちも決して海の向うの野球国のそれらに負けてはいないのかもしれない。少し思い出してみても、例えば、王監督が選手時代から続けている養護施設訪問、甲子園にある交通遺児などのための「川藤シート」、田代選手による養護園児六〇人招待、中畑選手の「愛のホームラン基金」等々……。もちろん、ほかにもあるだろうが、それらがそう大して目立たず、従って拡大再生産に向けられていないのは、一にかかってそれを顕彰する賞がないからかもしれない。

候補者がないというならいざ知らず、十分にそれはあるというのなら、今にもその賞は設けられて困ることはない。それはまた日本とプエルト・リコとを、そしてさらにはアメリカ本土とをも結ぶ人間理解の糸車の役をも果してくれるかもしれないのである。そうあってくれればの一念をもって、私はこれを書いた。

直接取材に応じてくれた方々はもとより、蔭になって私を助けて下さった多くの方々にも心からお礼を申しあげたい。次の方々には殊にお世話になりました。

Vera Clemente（Ciudad Deportiva）
Roberto Clemente, Jr（ex-Padre）
Luis Roberto Clemente（Pirate）
Luis Rodriguez-Mayoral（Founder of the Roberto Clemente Memorial Award）
Ramiro Martinez（San Juan）
Georgio L. Cases（Ciudad Deportiva）
Carlos Munoz（U. S. Immigration Service）
Thomas R. Heitz（Baseball Hall of Fame）
Charles B. Adams（Office of the Commissioner）
Rob Ruck（Chatham College）

Wayne S. Graczyk (Sports Editor)
Ike Ikuhara (Los Angeles Dodgers)
Joe Walko (Pittsburg Pirates)
Sally O'leary (Pittsburg Pirates)
池井　優（慶大教授）
伊東一雄（パ・リーグ広報部長）
小川晶子（野球体育博物館）
坂口　誌（アカデミー）
仲　道子（田辺市立図書館）
野村克也（元・南海、西武）〔敬称略〕

ＴＢＳブリタニカの三上和紀さんには一九八四年の九月から、ずっと励ましを受けてきた。彼の執拗にして時機を得た心やさしき応援歌を聞かなかったら、私は途中でバットを枕に、とうに眠っていたかもしれない。改めて深謝申しあげたい。

ペンをおくにあたって、いま目に浮ぶのは、ヒューストンでのオール・スター戦を喰い入るように見つめていたロベルト・クレメンテ・ジュニアの横顔である。オール・スター・ゲームとはいわずとも、大リーグの試合場に一度は彼にも立ってもらいたかったと思う。本人が最も激しくそれを望んでいたろうけれど、ファンの多くもそれを望んでいた。しかし、考えようによっては、ロベルト・クレメンテの息子は、いま多く――各地の大リーグ野球場の上に散らばっているといえるだろう。ジュニア君一人がロベルト・クレメンテの後継者というわけではないのだ。ジュニアはジュニアで、安心して、みずからの道を行けばよい。

もしも「ロベルト・クレメンテ賞」が（もしくはそれに相当する賞が）日本に作られた日には、その第一回贈呈式に彼にも来てもらい、ついでにもう一度、彼とキャッチ・ボールをしてみたいと思う。その時彼のグラブは、われらが新しいボールを受けて、どんな音をたてるであろうか。

一九八六年十月十日

佐山　和夫

（P・S）Roberto Clementeという名前の日本語による表記は、従来「ロベルト・クレメンティ」とされることが多かったのですが、私の知る限り、それは関係者によって「ロベルト・クレメンテ」と発音されていましたので、勝手ながらそれに倣うことにしました。

新版　あとがき

この度、『ヒーローの打球はどこへ飛んだか』の新版を出版するに際して、私は今一度プエルト・リコを訪れた。いうまでもなく、首都サンファンの近くにある「ロベルト・クレメンテ・スポーツ・シティ」へ行くのが目的だった。

何がどう変わり、次に彼らが何をしようとしているのかを知りたかったのと、日本にもついに「ロベルト・クレメンテ賞」に相当する「ゴールデン・スピリット賞」が出来たことを報告するためだった。

最初にそこを訪れたのは、一九八四年のことだから、もう一七年も昔のことになる。その頃は、ロベルト・クレメンテといっても、その名は日本の多くの人に知られていたわけではなかった。その生涯について日本の読者の皆さんにも早く理解して頂きたいと、そのことばかりが気になっていたことを思い出す。資料集めにと、何度か立て続けにここへ来たものだった。その後も一度、これはテレビの関係だったが、短時間ながらここにお邪魔したことがある。

正直いって、最初はこの「スポーツ・シティ」がうまく継続されていくものかどうか、私も心配だった。ロベルトのヒロイック（英雄的な）生涯に対する称賛、あるいはその悲劇的な死への同情と感傷で、遺族への協力に熱気が舞い上がったのは理解できないことではなかった。しかし、それがどれほどの継続性を持つものかは、想像の外にあった。一時の感傷が消えたあとの反動を、むしろ、私は恐れていた。

夫の死後の悲嘆の中から立ち上がったヴェラ夫人の姿は、健気さを超えて、ある意味では悲壮ですらあった。彼女は終始一貫して、悠々迫らざるおおらかな態度を貫いていたけれども、言葉の端々に、折として悲壮な決意がこぼれ出た。

「夫には二つの夢がありました。一つは大リーガーとして、長くプレーを続けること。もう一つは、恵まれない子供たちも安心してスポーツに打ち込むことのできる施設を作ること。この最初の方の目的を叶えることは、残念ながら私には出来ません。しかし、後の方の目的なら、私にも出来ます。私は彼の遺志を自分の意思として、実現させたいと思います」

彼女はこう言って、そのスポーツ・シティ構想をスタートさせたのだった。言葉は単に「実現させたい」ではあったが、そう言いつつ、本当のところは、「実現させねばならない」「その夢の実現のためにこそ私はあるのだ」と彼女は決意していたのではなかったろうか。

空は一七年前と同じく、真っ青だった。

蒸し暑さも、昔のままだ。時期は三月の初め、日本ではまだまだ寒い日が続いていたが、こちらでは、外へ出ただけで汗ばむ暑さだった。空気も湿っぽく、重い。風にそよぐ木々のざわめきにも、空気の重さが影響している。

すべてが以前と同じと見える環境の中で、「ロベルト・クレメンテ・スポーツ・シティ」は、しかし、確かに変化していた。発展途上といった雰囲気は薄れ、全体に落ちついた雰囲気である。施設も充実していた。

メイン・オフィスの前方に、サッカー場が完成していた。それを取り巻いているのが、陸上競技用のトラックだ。

野球用のバッティング練習場も広い場所をとって出来上がっていた。これだけあれば、ゲームの前にはチーム全員が十分に打撃の調子を整えておくことができる。

記念館の建物も完成していた。これも以前にはまだまだ基礎の工事が初められたばかりで、一体、本当に完成の日が来るのかと危ぶまれたものだった。ロベルト・クレメンテの生涯を伝える記念館は、この広大な施設の中でも特に必要なものであることは誰にもわかっていながら、差し当たってのスポーツ場にも不足していた青少年のためには、記念館よりも先ずはスポーツ施設の充実が先行されることになるのは明らかだったからだ。

記念館は、出来上がってみると、さほど大きなものではない。辺りの空間があまりに広々としているからだろうか。また、中身となると、むしろ寒々としていて、まだまだ充実からはほど遠いのだが、彼の業績を伝える肝心の展示物は、次第に整えられてくるだろう。ここまでくれば、もうあとは大した問題ではない。

私が訪れたこの日も、ヴェラさんは忙しそうだった。身障者の野球大会が、二つの野球場を使って開かれていたからだ。次男のルイス君が運営に走り回っている。参加者の誰もが、彼らとの写真撮影を希望している情景から見ても、どんなにこの二人が皆から感謝され、慕われているかがわかる。

「ロベルト・クレメンテ・スポーツ・シティ」は、ようやく安定した状況に上りつめ、人々の生活に深く浸透したと見ていいようだ。「実はですね、カズオ。あなたに見せたいものがあります」ルイス君は私を記念館の中の一室に案内した。そして、ビデオを映し出した。

それは、この「スポーツ・シティ」の二期目の建築計画であり、その完成予想図だった。

「あれからいろいろ苦労して、やっとここまで来ました。第一の段階は、もう到達したと思います。これから第二の段階に入る予定です。

今ある四面の野球場とは別に、大リーグ野球を招けるほどのちゃんとした球場を作りたい。そして、当初から計画の中にありながら実現出来なかった本格的なゴルフ場を完成させたい。場所はもう確保しました。それに、今はまだプレーヤーのための宿泊所はありませんが、いずれは観光客をも迎えるとなれば、これらを総合的に受け入れるホテルが必要になります。それも作りたい。実際に作業はもう始まっているのですよ」

一緒に見ていたヴェラさんもうれしそうだったが、一番楽しそうだったのは、やはりルイス君本人だ。

最初に私がここを訪れたときには、まだ学生だった彼。今はこの「スポーツ・シティ」の責任者として、実績に裏付けられた自信にあふれている。母親のヴェラさんと共に、生涯をこの施設とともに歩むつもりだ。父親ロベルト・クレメンテの遺志は、まさにファミリーの意思となっているのだ。

長男のロベルト・クレメンテ・ジュニアは、プロ野球選手への夢を捨てたあと、現在はニューヨーク・ヤンキースの広報部にいてラジオなどの放送を担当している。ラテン・アメリカ諸国へのヤンキースのゲームは、彼のスペイン語をもって伝えられているのだ。大きな仕事であり、彼も大張り切り。親譲りの野球への夢が、そんな形をもって続けられているわけだ。

こうしてみると、「ロベルト・クレメンテ・スポーツ・シティ」も変化したし、クレメンテの家族にも大きな変化が当然ながら起こっていた。それもいい方への変化であって、進歩あるいは前進という言葉で表されるべきものに違いない。

しかし、実をいって、ここに来て私が最も大きく感動していたのは、むしろ日本での変化の大きさを思ってのことだった。ここプエルト・リコの変化よりも、そして多分クレメンテ・ファミリーにおける変化よりもずっと大きく、日本野球界は変化したと思う。

早い話、私が初めて『ヒーローの打球はどこへ飛んだか』（ＴＢＳブリタニカ）を出したときには、まだまだロベルトの人生への理解はおろか、クレメンテ賞の意義をも分かってくれる人はほとんどいなかった。以前あったコミッショナー賞がそのように名を変えられ、野球界最高の人間に授与されるといっても、そのもとにある賞の精神にまでは理解はなかなか到達してくれないのだった。まだまだ日本は福祉国家への王道にはのぼっていなかった。

そんな頃のこと、私の小さな出版物なんて、どれほどの社会的な反応を生んだというのだろう。二、三の新聞、一、二の週刊誌が紹介はしてくれた。しかし、それだけの話だった。日本にも、アメリカ大リーグの「ロベルト・クレメンテ賞」に相当する賞が必要ではないかといっても、にわかにはその趣旨は伝わらないのであった。本の出版は、時期としてはいささか早過ぎた。

ただ、私としては日本プロ野球誕生の五十年目という節目にあたって、まことに時機を得たい い提案だと思っていただけに、落胆は大きかった。クレメンテのファミリーには、賞の設置までは確約していないものの、それに向けての努力は約束している。何らかの動きくらいがないことには、さっぱり、信用も何もあったものではなかった。

落胆は、いつしか諦観となって、私の中に沈殿した。何人かの人が、たまにクレメンテの話を持ち出してくれたことはあったが、肝心の野球界中枢部からの返答はなかった。私は自分の義務まで忘れたわけではなかったけれど、実績はそれに等しいことを、こころ秘かに恥じていたのだった。

そんなときなのだ。報知新聞社から電話を頂いたのは。

平成一一年（一九九九年）はスポーツ紙を発行して五十年目の節目の年なのだという。その記念に何か社会的に有用なことを残そうと検討を重ねた結果、伏見勝社長を中心として「クレメンテ賞」の日本版「ゴールデン・スピリット賞」の設置を決定したというのだ。

信じられないという気持ちは、不思議になかった。意外というのでもなかった。最初に『ヒーローの打球はどこへ飛んだか』を出して提唱してからの月日を思えば、たしかに遠いことは遠かった。

しかし、正直いって、〈世の中というのは、よく出来ているものだなあ〉というのが、私のそのときの印象だ。真っ暗闇の中でも、見る人はちゃんと見てくれているものだという感動——。それである。

実際、私の提案なんて、どう力んでみたところで、せいぜいがマッチ棒に火を灯すほどのものでしかなかった。卑下して言っているのでも、謙遜しているのでもない。本当にそうなのだ。無視しようとすれば、誰だって無視できた。実際、それで何年もが過ぎているのだった。

それでも、見る人は見てくれていたのだ。評価する人はきちんと評価してくれ、それを具体的に実行する手筈まで、見事に済ませてくれているのだった。

私の提案を最初に認めてくれた報知新聞社の皆さんはいうまでもない。受賞者の選考委員を引き受けて下さった川島コミッショナー、巨人軍監督の長嶋茂雄氏、女優の竹下景子さん（注、委員はほかに伏見社長、および筆者）には深く感謝申し上げねばならない。

同時に感謝を捧げねばならないのは、「ゴールデン・スピリット賞」の推進に名乗りを挙げて下さった皆さんに対してだ。後援の社団法人日本野球機構、セントラル野球連盟、パシフィック野球連盟、そして協賛の東海旅客鉄道株式会社、西日本旅客鉄道株式会社、株式会社ファミリーマート、株式会社ユージーに対し、心からお礼を申し上げたい。

平成一一年一一月八日の第一回の表彰式は、実に華やかなものだった。

多くの候補者の中から、社会貢献活動が最も顕著として選ばれたのは、読売巨人軍の松井秀喜選手だった。子供社会に蔓延しているイジメ問題に、彼は積極的にかかわってその撲滅に貢献したほか、チャリティ・テレカードによる「松井ホームラン基金」、ロシア・タンカーによる重油流出事件の被害救済に立ち上がるなど、社会に与える貢献の大きさと継続性が高く評価されたものだった。

関係者はもちろん、藤原紀香さんや安室奈美恵さんをはじめとする当代の人気者も数多くお祝いに駆けつけてくれた。故小渕元首相も壇上から、「私も政界の『ゴールデン・スピリット賞』の受賞者になりたい」と一席。

第二回の受賞者には、さらに多くの候補者の中から、特に長年にわたって目黒区の児童擁護施設「若葉寮」への支援を続ける日本ハム・ファイターズの片岡篤史選手が選ばれ、ますますこの賞が世に認知され、定着の度を深めていることを証明した。

このことをプエルト・リコのルイス・クレメンテ君、それに母親のヴェラさんに話すと、二人もこれを何よりも喜んでくれた。

「大リーグの『ロベルト・クレメンテ賞』と、日本の『ゴールデン・スピリット賞』とを連動させれば、何かまた大きなことが出来ますね。お互いにがんばりましょう」と、二人はにっこり。そうなれば、マッチの火も更に大きく世を照らす明かりとなることになる。新たな約束を彼らと交わして、私は一七年昔よりももっと大きな使命感を持って帰国した次第だ。

最後になりましたが、本書の出版に際しまして、権利の譲渡を快諾してくださった株式会社TBSブリタニカ様に深甚の感謝を捧げます。(最初に貴社によって刊行して頂いた事情と時代を伝えるため、一部の追加を除いて、本文はできるだけ元のまま保存致しました。)

また、報知新聞社では伏見勝社長を初めとして、多くの方々のお世話になりました。中でも出版局の山内豊局長、今村成一出版部長には、特に熱心なご指導を頂きました。事業局の古藤了三局長、中島高男事業部長にも終始変わらぬご支援を頂きました。長年にわたってご厚誼を頂いております編集局の蛭間豊章氏には、ことの最初から最後までお世話になりました。心から御礼申し上げます。ありがとうございました。

二〇〇一年四月　大リーグ開幕の日

佐山　和夫

佐山和夫（さやま　かずお）
ノンフィクション作家。1936年（昭和11年）、和歌山県生まれ。慶応義塾大学文学部英文科卒。日本ペンクラブ、三田文学会、アメリカ野球学会、スポーツ文学会（SLA）会員。報知新聞社制定「ゴールデン・スピリット賞」選考委員。
1984年に、『史上最高の投手はだれか』（潮出版社）で潮ノンフィクション賞の受賞はじめ、第4回ミズノ・スポーツ・ライター賞、ジョセフ・アストマン賞など受賞多数。「黒きやさしきジャイアンツ」(ベースボールマガジン社)、「59歳のドジャーズ・キャンプ体験記」（小学館)、「ベースボールと日本野球」（中央公論社）など著書のほか「ハンク・アーロン自伝」（講談社）など翻訳書も多数。

ヒーローの打球はどこへ飛んだか
2001年7月26日　初版発行

著　者――佐山和夫
発行者――山内　豊
発行所――株式会社報知新聞社
〒108-8485 東京都港区港南4の6の49
☎（03）5479-1285（出版販売部）
（03）5479-1281（出　版　部）
振替　00160-5-195845
印刷・製本――株式会社ダイエープリントセンター

ISBN4-8319-0137-7 C0075
Printed in Japan

本書は一九八六年十一月、㈱ＴＢＳブリタニカ社から発行された。